Dedicated to my parents:
Carmela and Itzhak Segev

Design : Nili Arazi

Photographers:

Harel Ben Nun pages: 17, 19, 34, 37, 58, 64, 66, 76, 86, 89, 99 www.inlight.me

Dan Weits: 26, 48, 55, 90, 92,108 www.danweits.com

Guy Shahar: 36, 45, 68, 97

ISBN: 9789655752274

Special thanks to the Amazing Shahar Buhnik
C&P 2017 Gilad Segev and I To I Group Ltd. office@i-ii-i.net

Passerby

Quotes For The Traveler through Life

Written By: Passerby (A.K.A. Gilad Segev)

Introduction Passerby

Passerby is a traveling artist who tells the story of his encounters with people from different cultures through music. His songs are the result of his meaningful interactions with others and are shaped by the lifestyle, authenticity, and dominant traits of the many places he journeys to.

As a descendant of immigrants, he is on an eternal quest to search for his identity. That is why no matter where he goes, he strives to become enriched from the core identity of his never-ending destination. He also aims to create a new and ancient sense of belonging in our multicultural immigrant world.

Passerby is continuously spreading his message of being able to belong everywhere by not belonging anywhere. He believes that by becoming no one, he can encompass everyone.

With his guitar as his single companion, he loses himself in the farthest of places, only to find himself closer to discovering his own personal truth. His music is his own pathway home, but it also gives others the key to find theirs as well.

 Get the Passerby musical Album for free
www.passerby-music.com/gift

What if I told you
You can be everything
you want...

would you believe it??

It is

Very

Very

Simple

To do that you just need to reply to the eternal WH questions with the following alternative answers

- **What are you?** You are a spirit, a mental mutation in a physical body, connected to the one, sum of all souls

- **Where (when) are you?** You are anytime, anywhere

- **Who are you?** You are no one and everyone at the same time

- **Why are you?** To survive mentally, get stronger

- **What are you going to do?** Share your unique mental self

What are you?

You are a spirit, a mental mutation in a physical body, connected to the one, sum of all souls

Passerby

"You don't have to do anything to feel significant"

"Go outside, nature is the best mentor"

"It's not a shadow that you see,
it's the light that's always beside you"

"A diamond doesn't shine,
it's always the light that
shines through it"

"Forget your mind,
what's on your spirit?"

"Death was made for us not to get stuck in the same life"

"Not every beginning has an ending"

"Forget everything,
you'll recall what's
important"

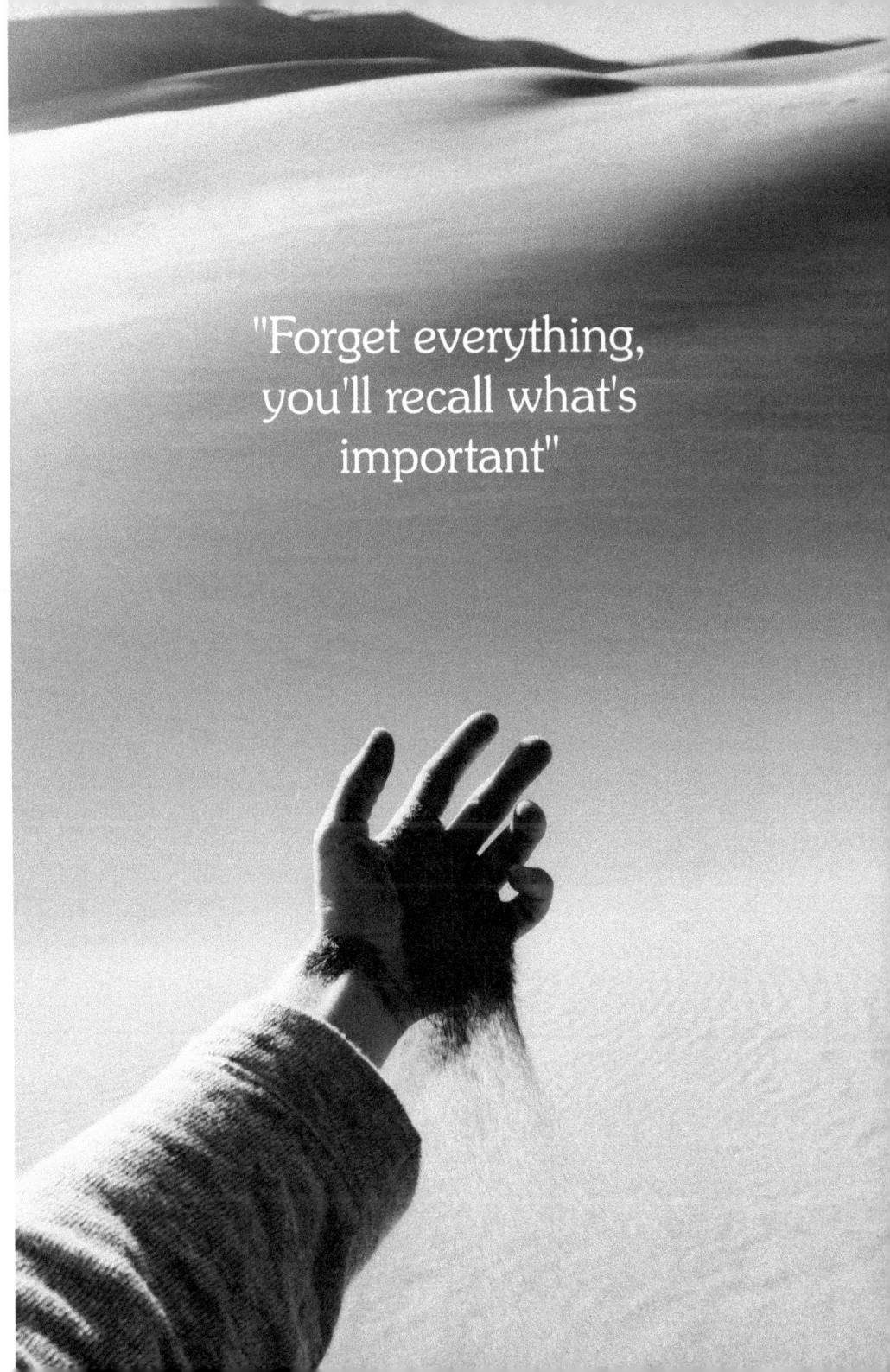

"Nature is not an IT, it is an I"

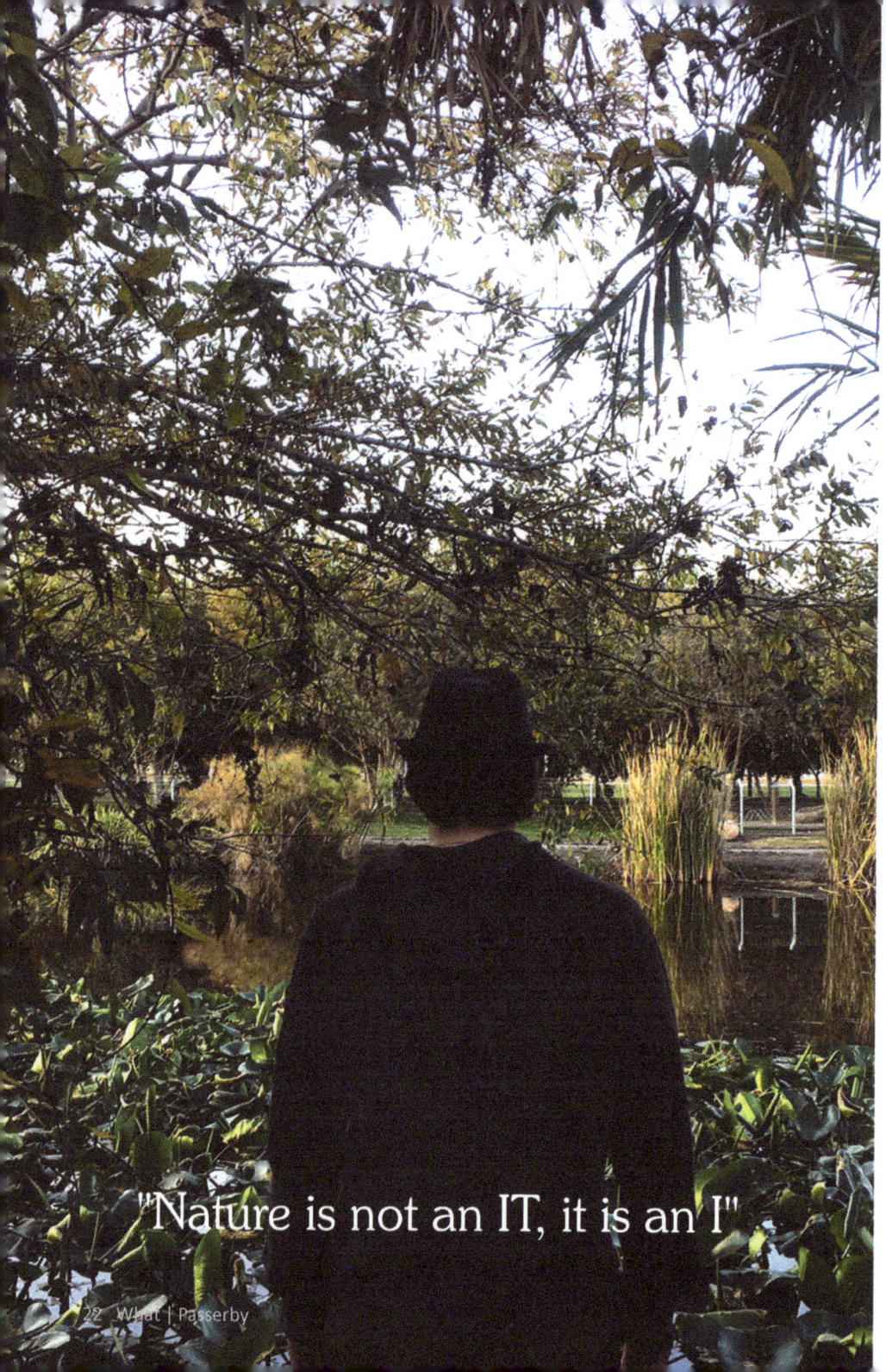

"Nothing is hidden,
only overlooked"

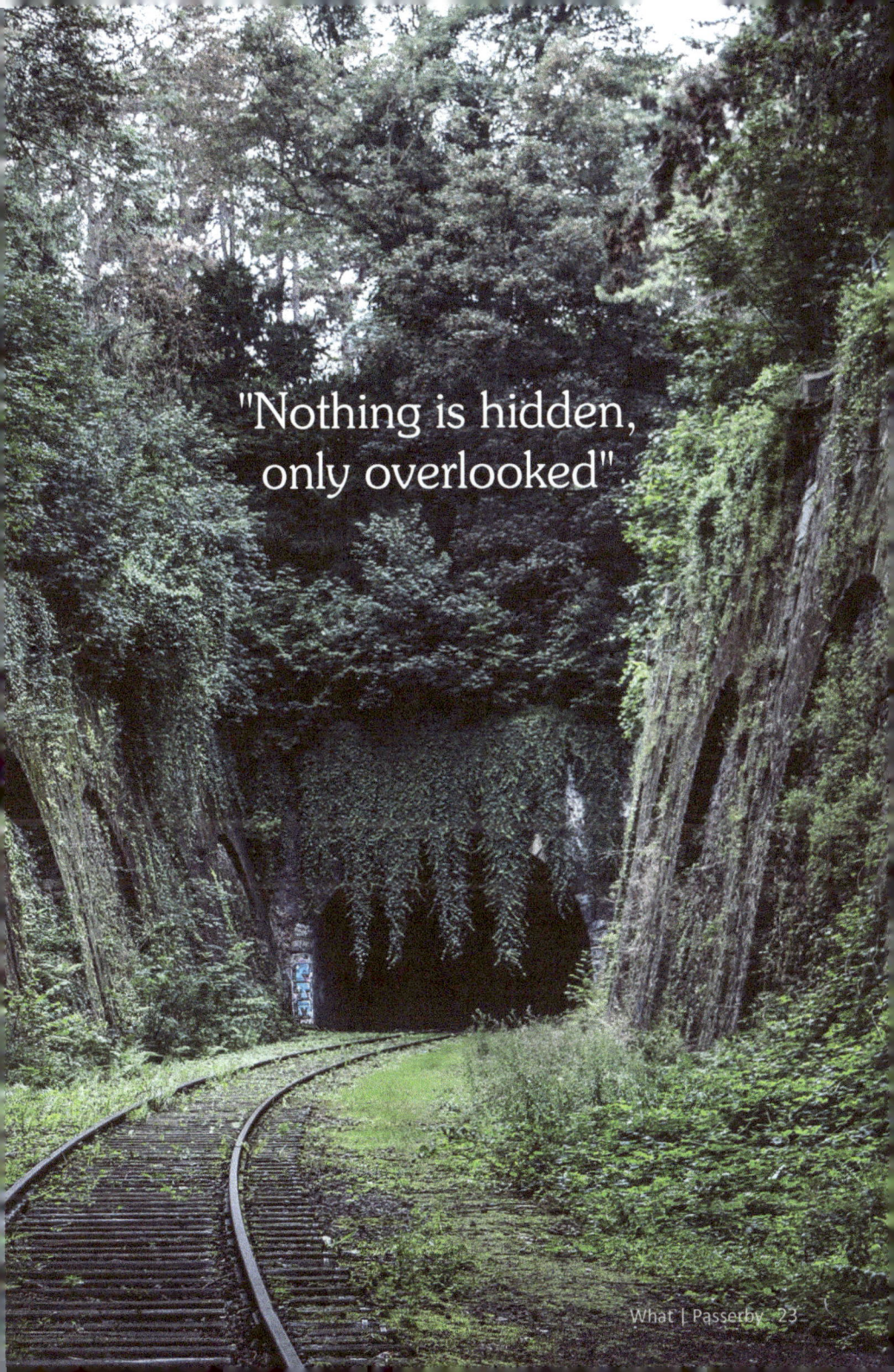

"You are the big bang,
expanding like the universe"

"The style is the essence"

"In order to tell a story,
you need to become one"

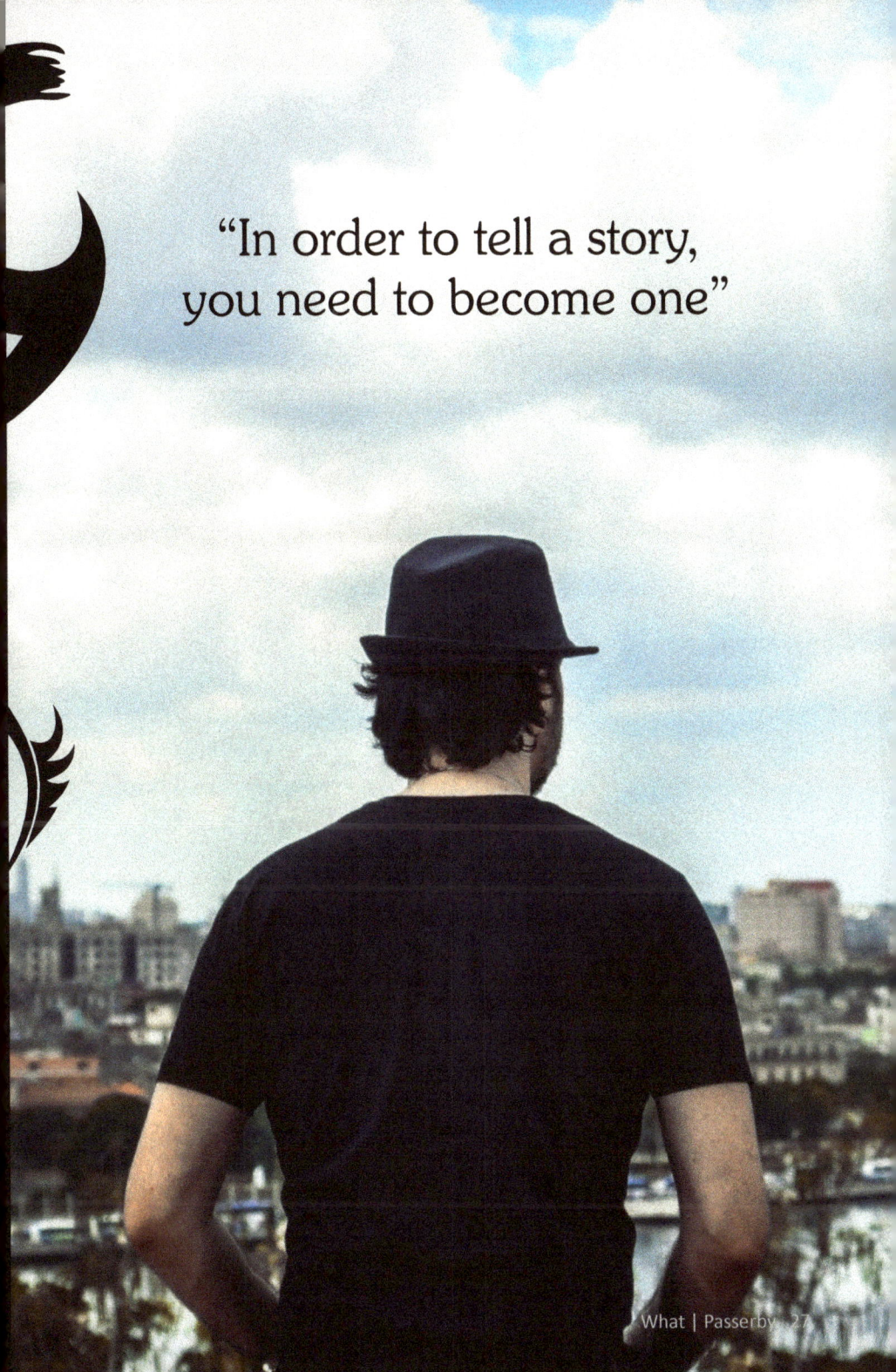

Where (when) are you?

You are anytime, anywhere

Passerby

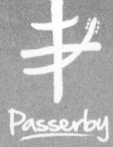

"You are the environment of your environment"

"Earth. Wind. Fire. Water. Love"

"Forever is a time zone"

"Randomness is heaven's way
of generating equality"

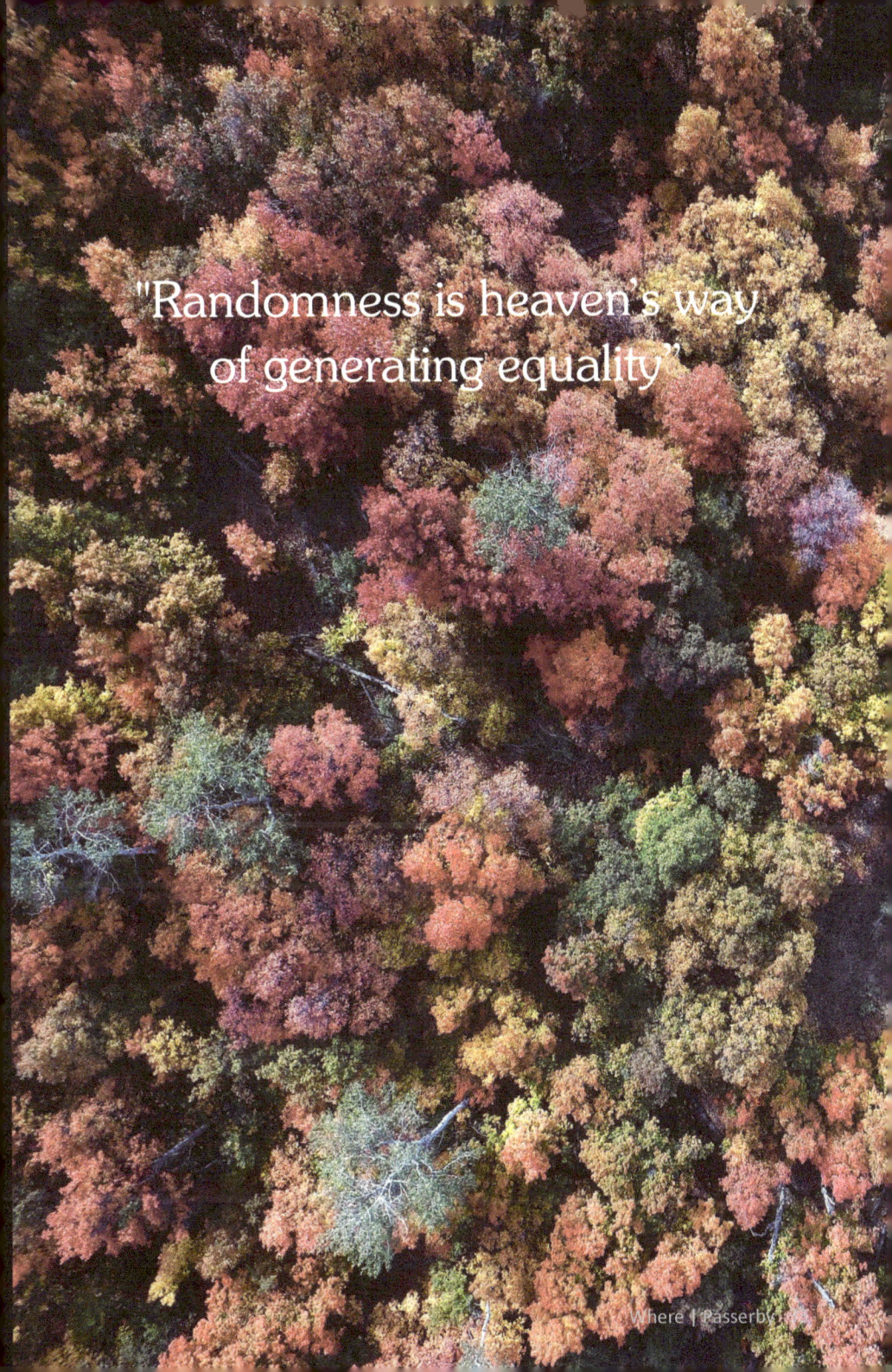

"Don't let the National Geographic channel become the history channel"

"You are your only compass"

"You can't leave anything behind if you keep traveling in a circle"

"Home is a feeling"

"Heaven is a state of mind"

"Keep moving, the world was created with no stop signs"

"Survival was shaped in closed walls, therefore men subconsciously prefer them to freedom"

"To know where you really stand, you need to close your eyes"

"You are never late,
you just got stuck
in a meeting with
yourself"

"Your true path begins where
the GPS can't find you"

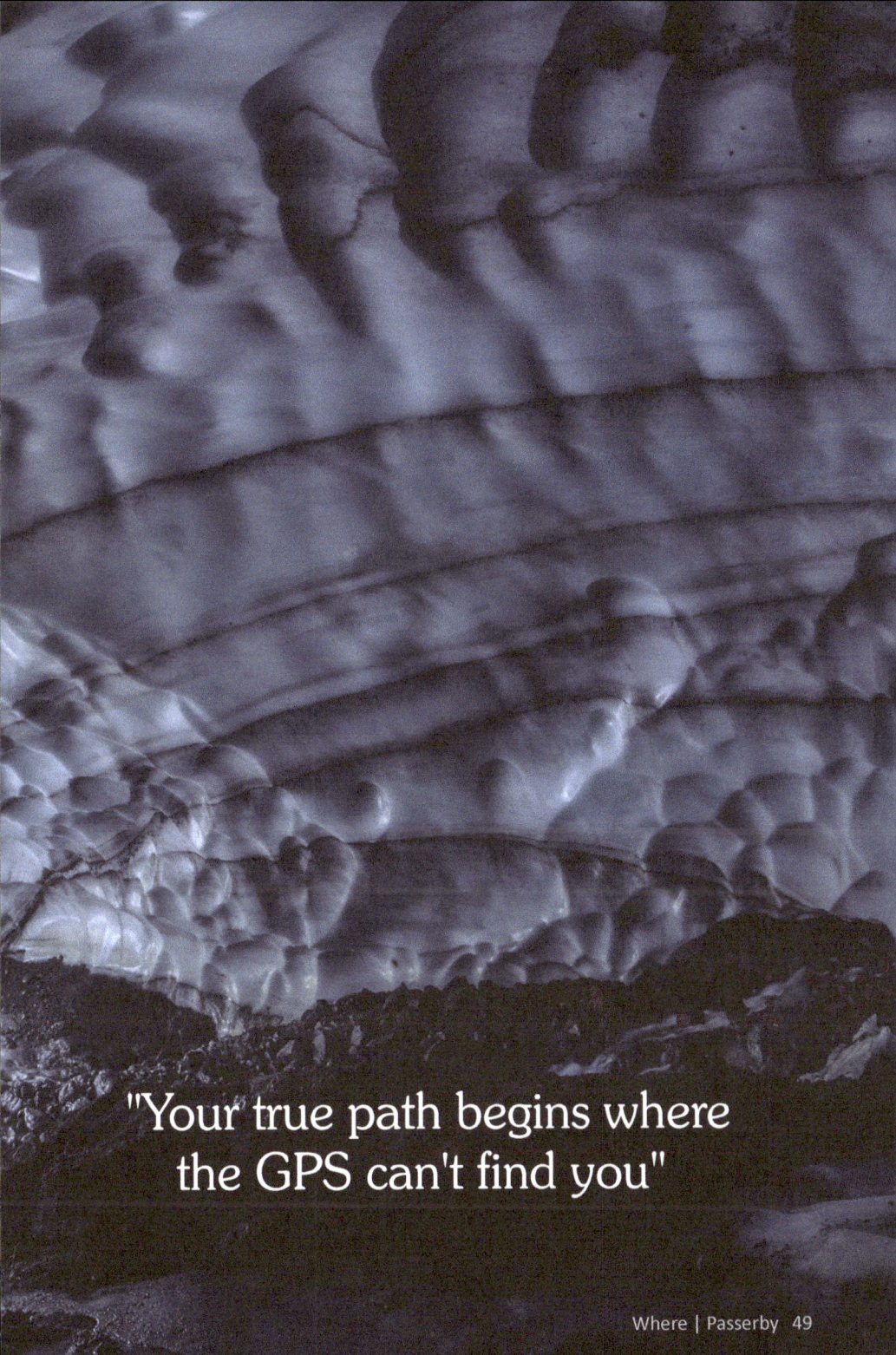

"All endings should be seen as beautiful sunsets"

Who are you?

You are no one
and everyone
at the same time

Passerby

"Enough wanna, be"

"Don't be afraid to be an
outcast for what you truly are,
your tribe is waiting for you"

"Everybody says they are ok while nobody knows what ok means"

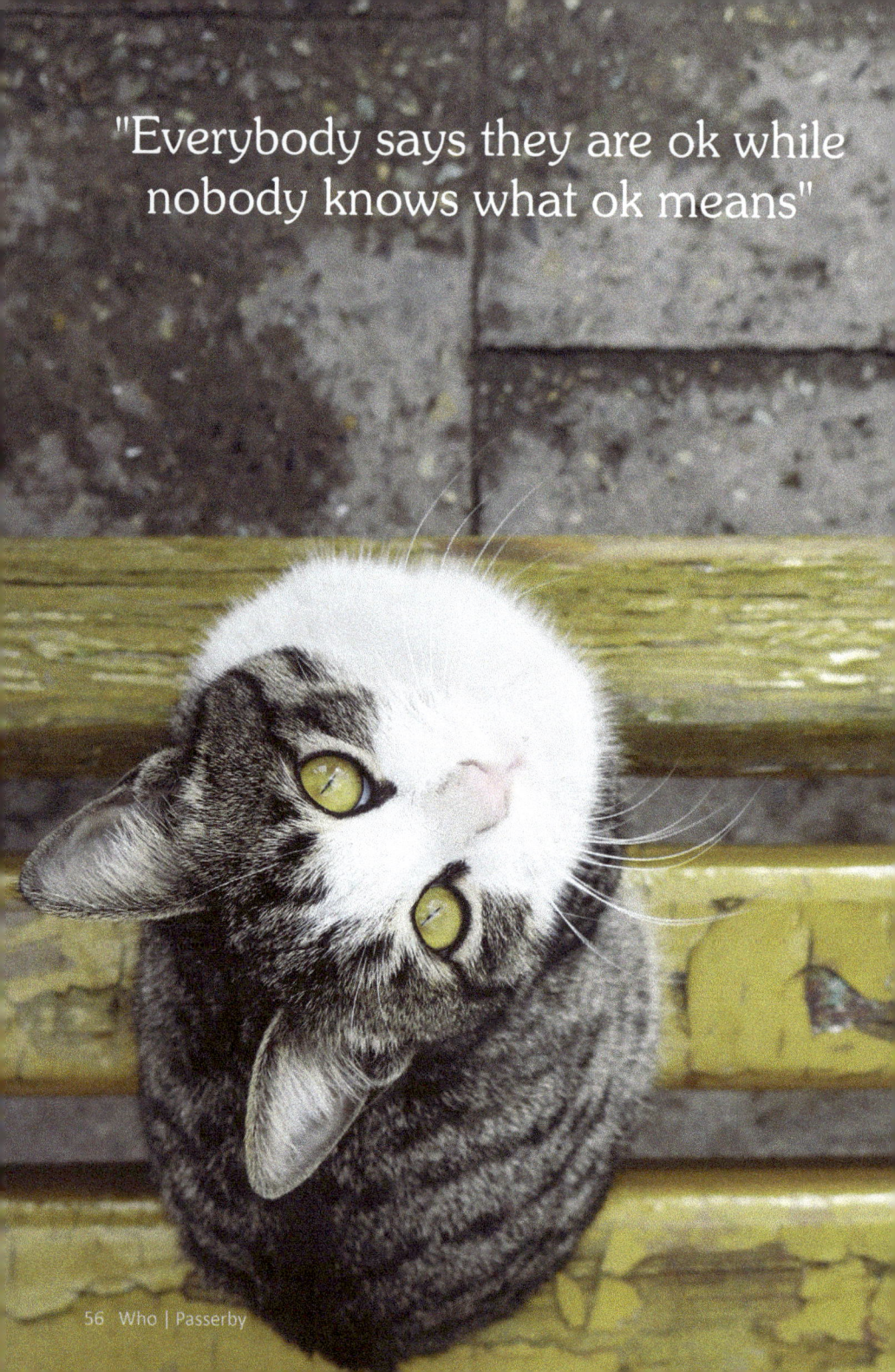

"Make sure your heartbeat can keep up with the beat you set to your world"

"Everyone around you is fulfilling their role for you to become whole"

"Don't hate yourself for having bad thoughts, love yourself for overcoming them"

"By becoming no one,
you can become anyone"

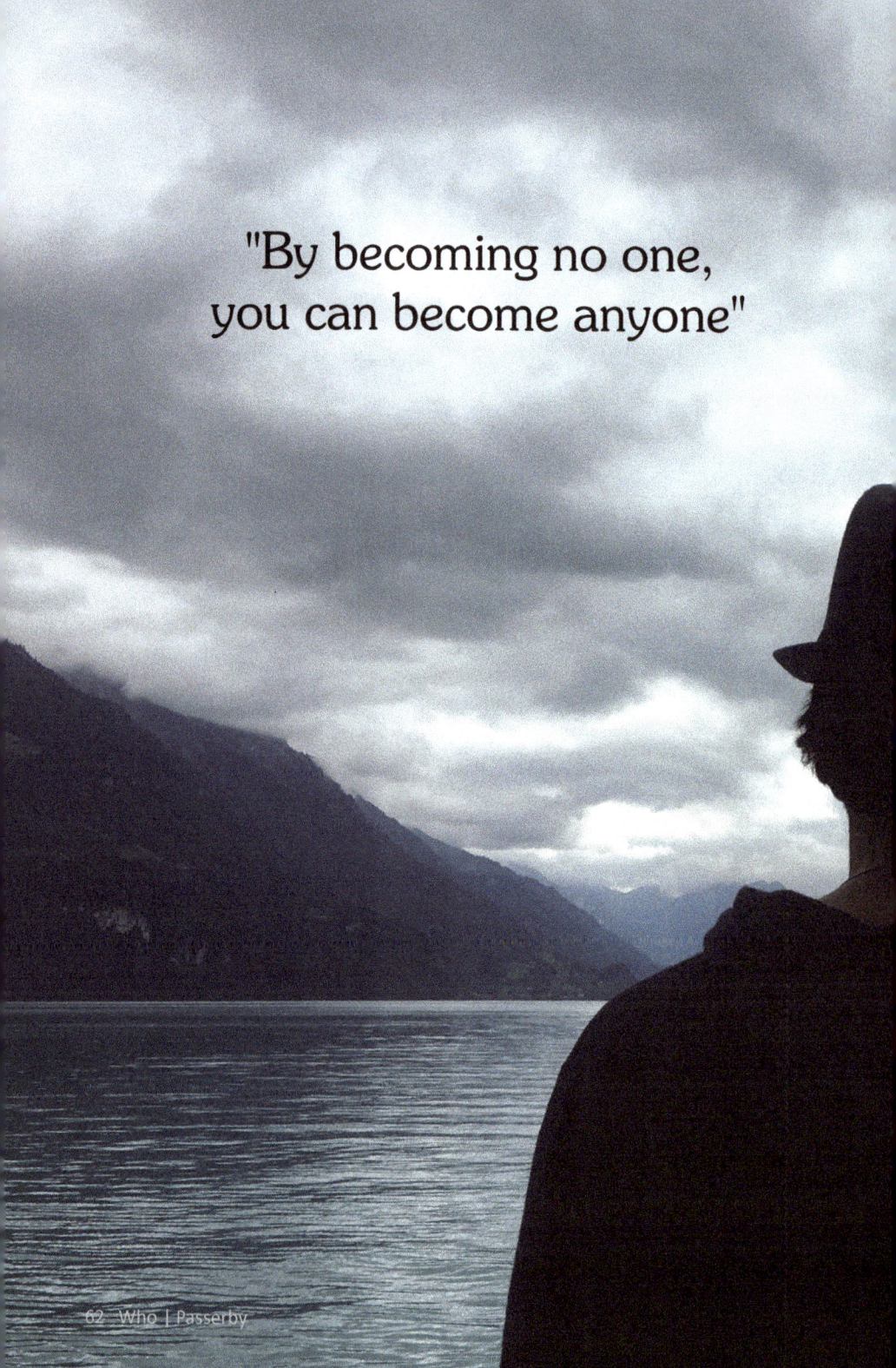

"From the day you were born you are tagged to a picture that is not yours"

"Failure does not exist,
just expectations"

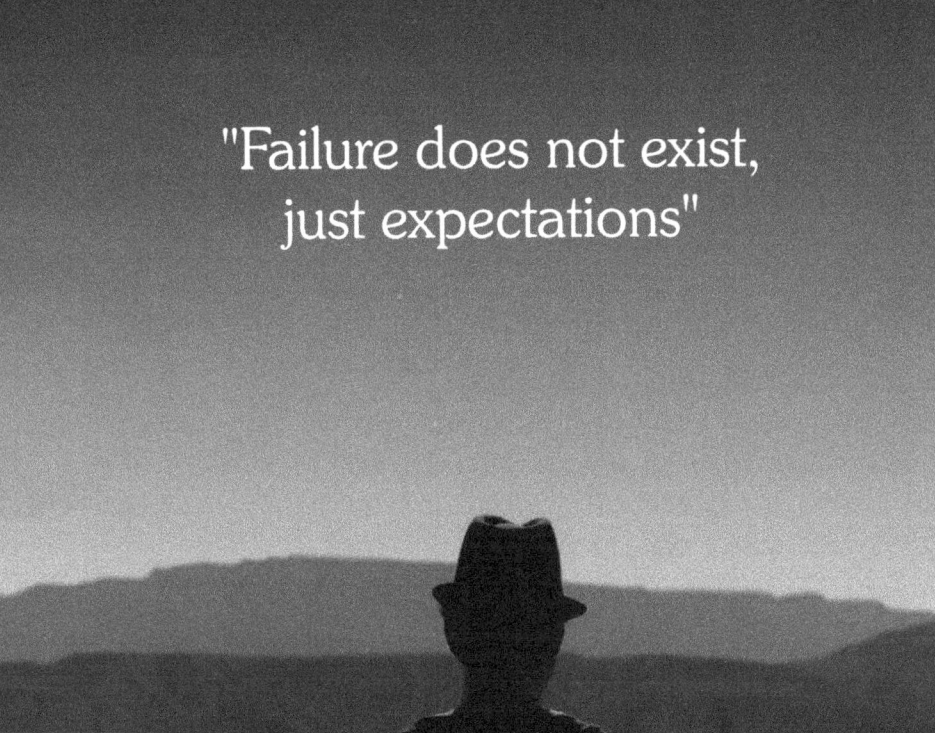

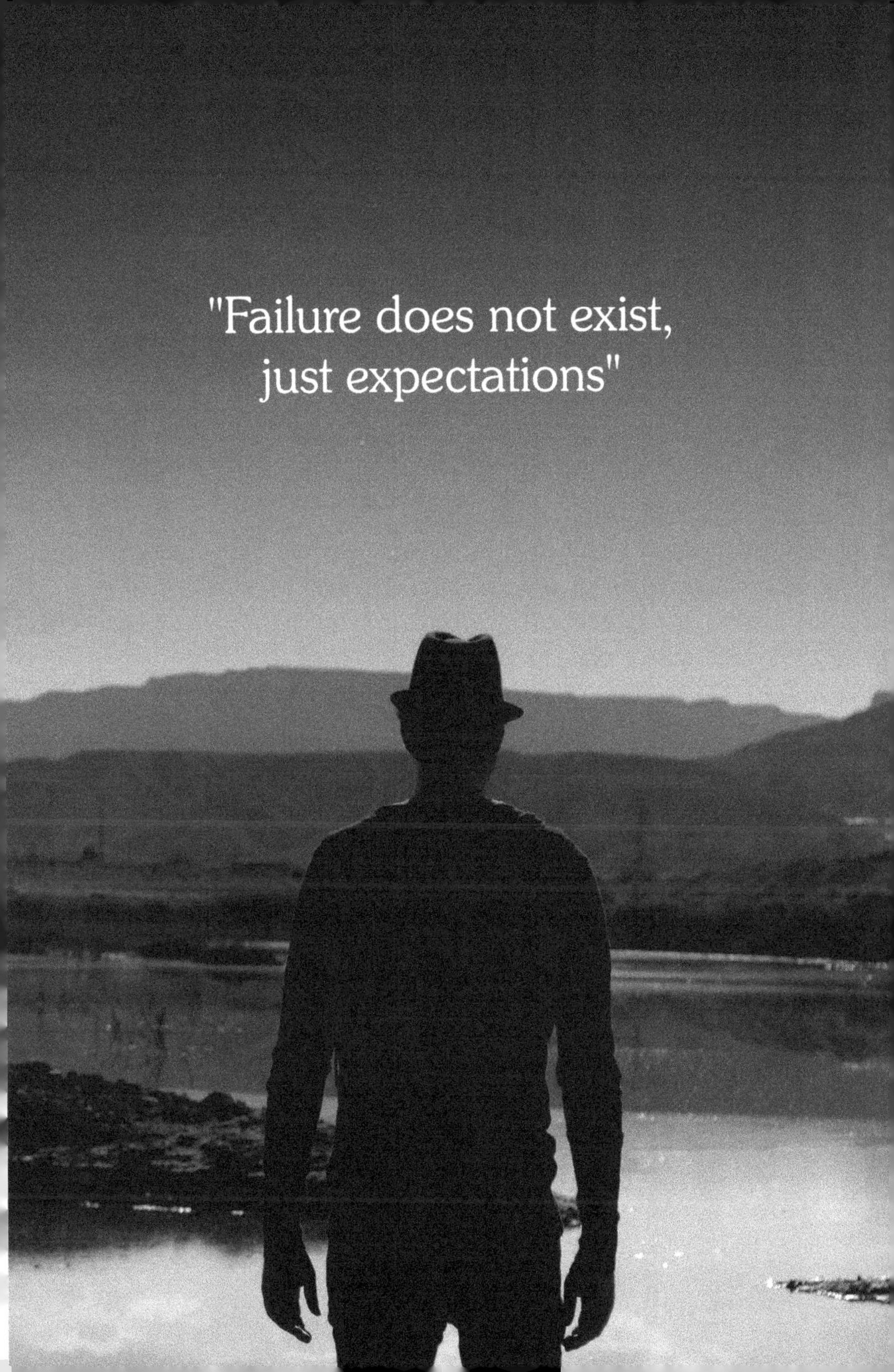

"Heaven is not
a place, it's a
choice"

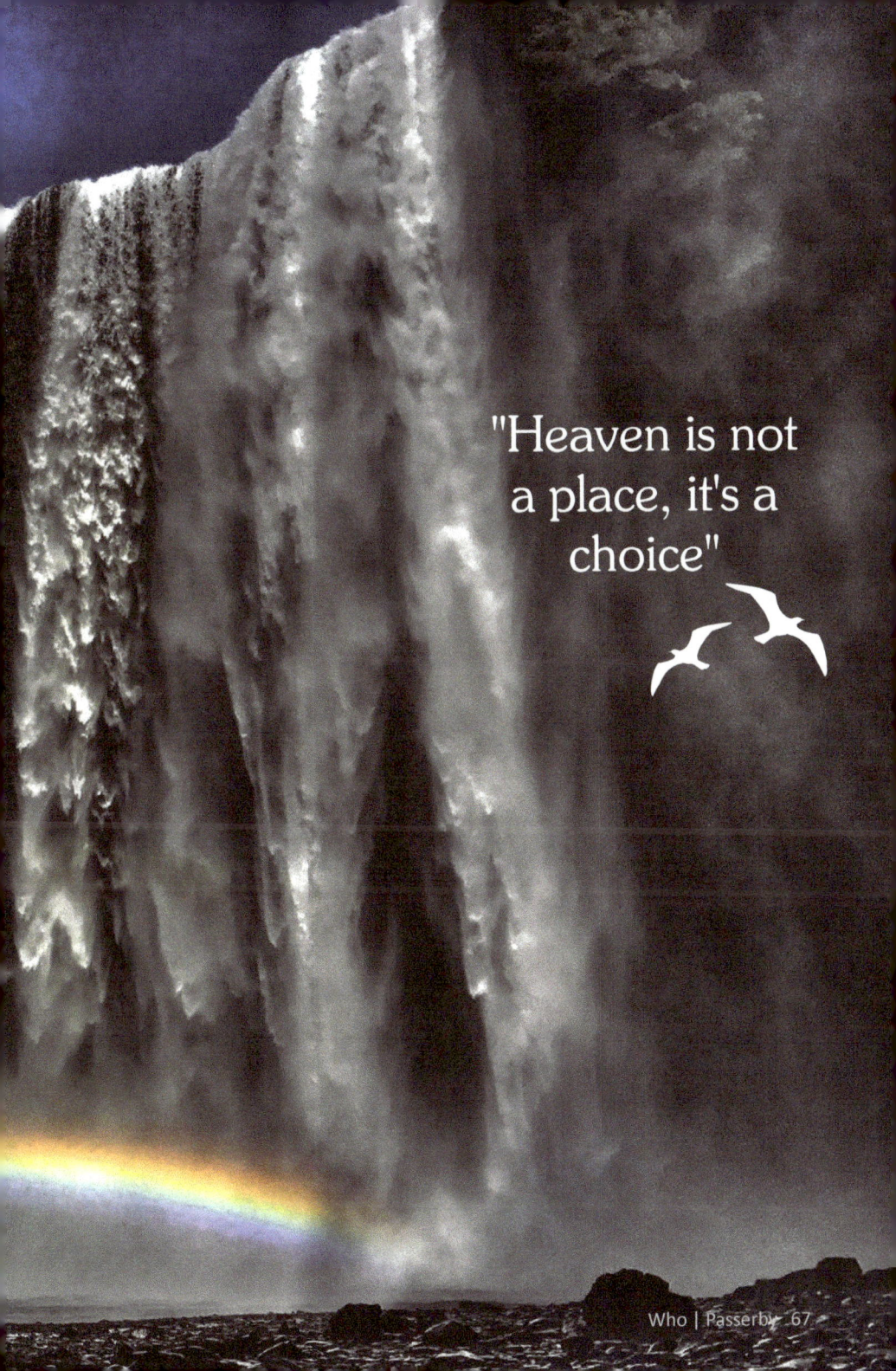

"Memories can be flashlights for dark times"

"Listen to the ones who help you listen to yourself"

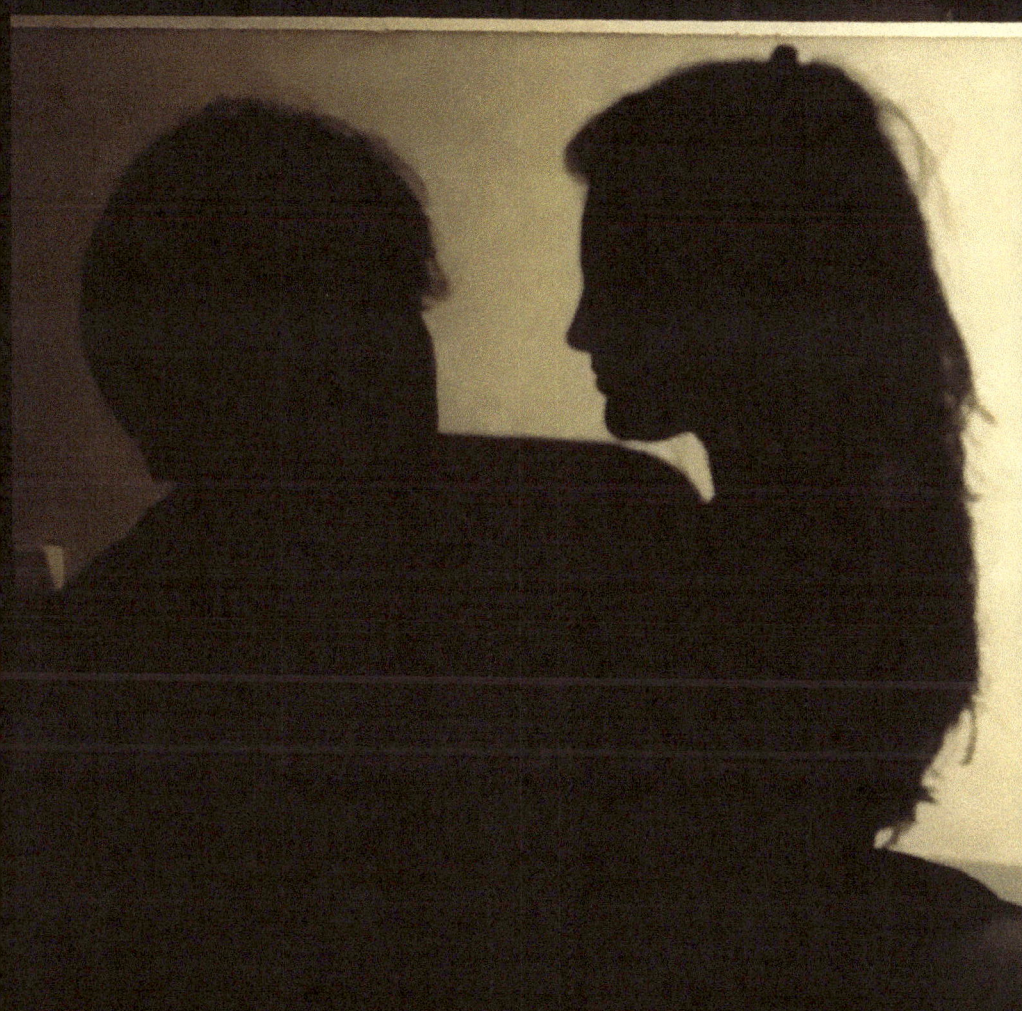

"Make sure you are not a collection of beautiful words"

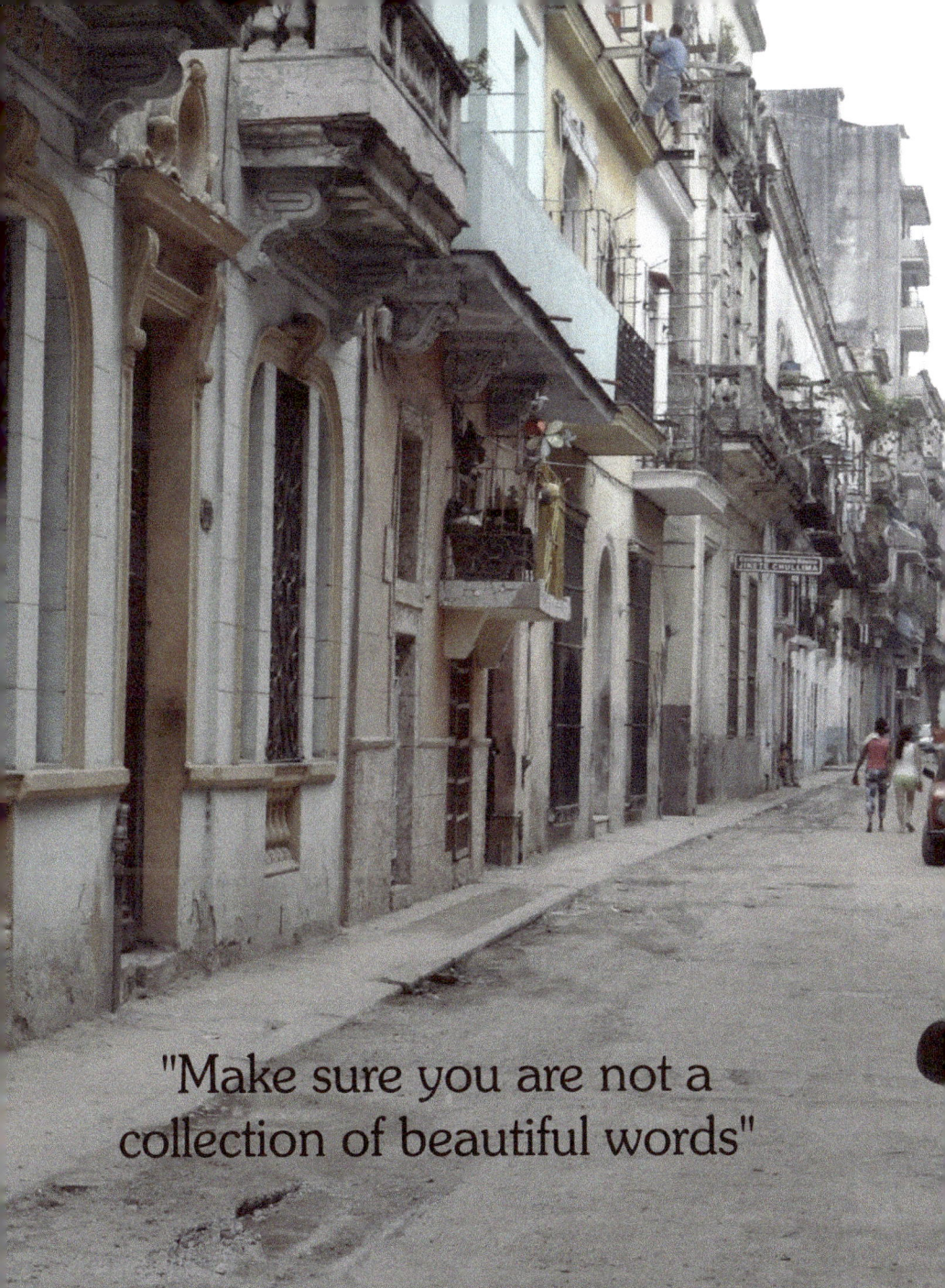

"We are not good nor bad,
we are just capable"

"True loyalty, true royalty"

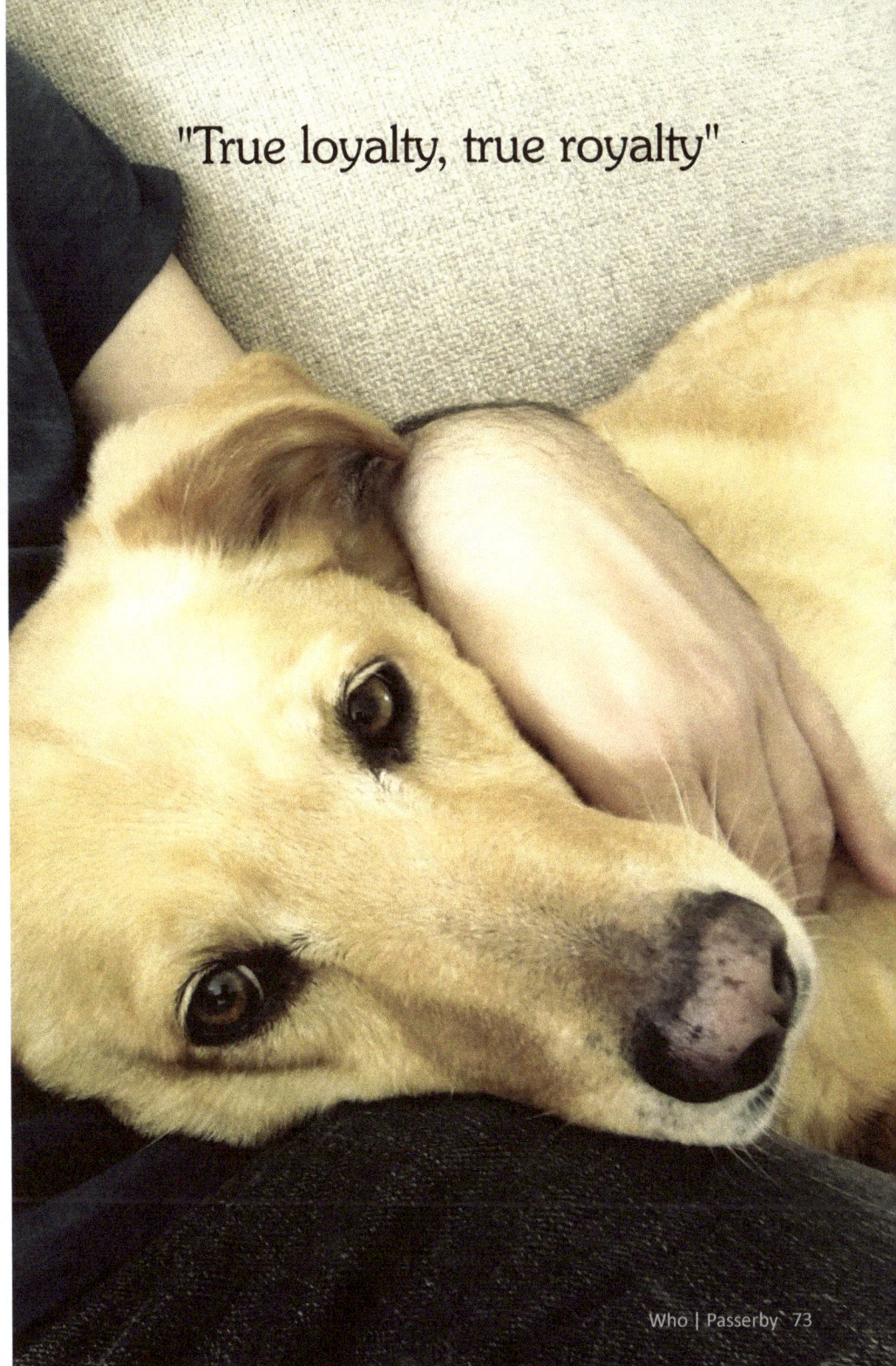

"You are not defined by your sad story, but by how you overcame it"

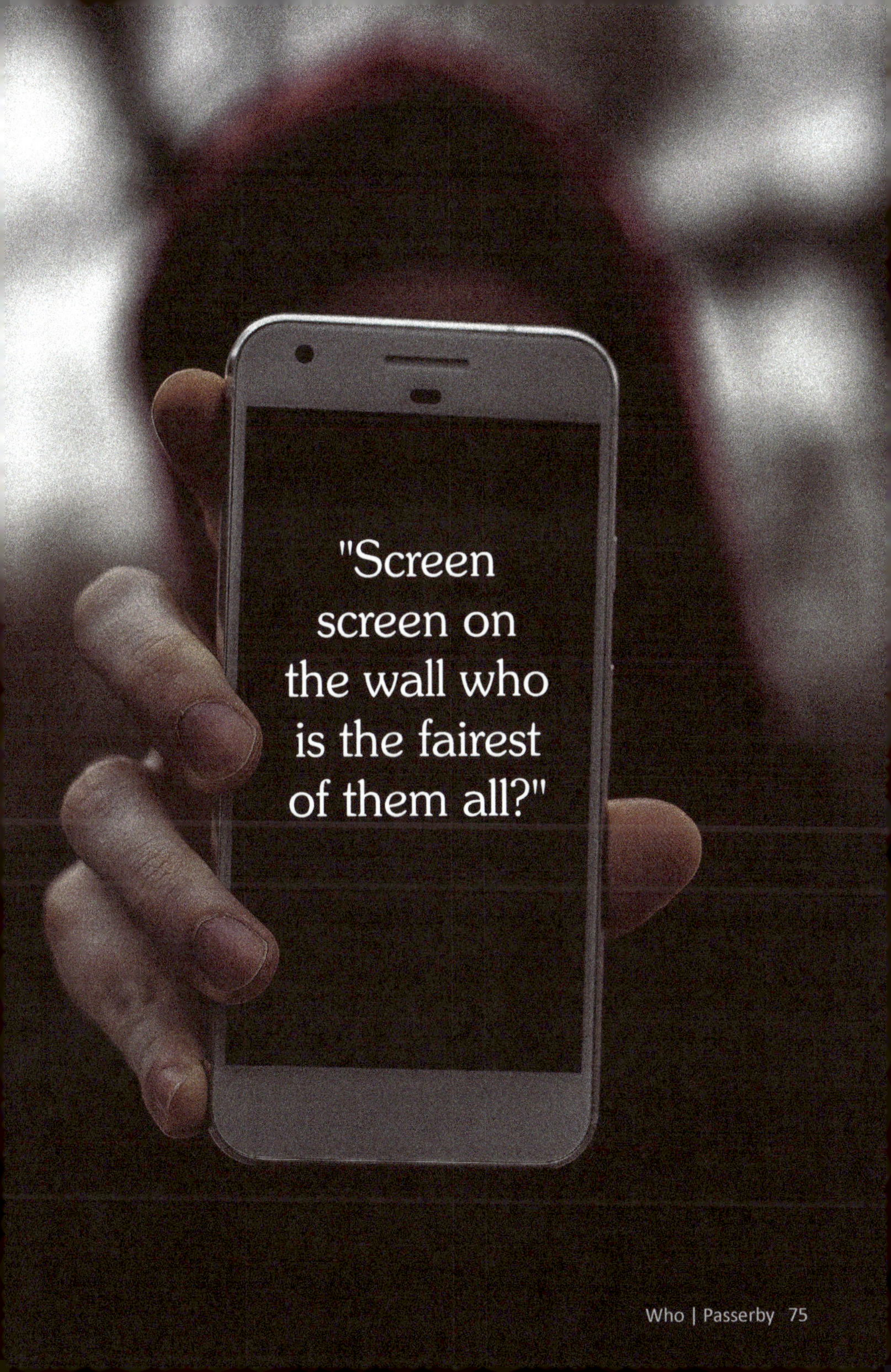

"Screen screen on the wall who is the fairest of them all?"

"Trying to achieve eternal happiness,
you will probably miss its best moments"

"We were born different so we will need each other"

"Biology says, you are scientifically one of a kind"

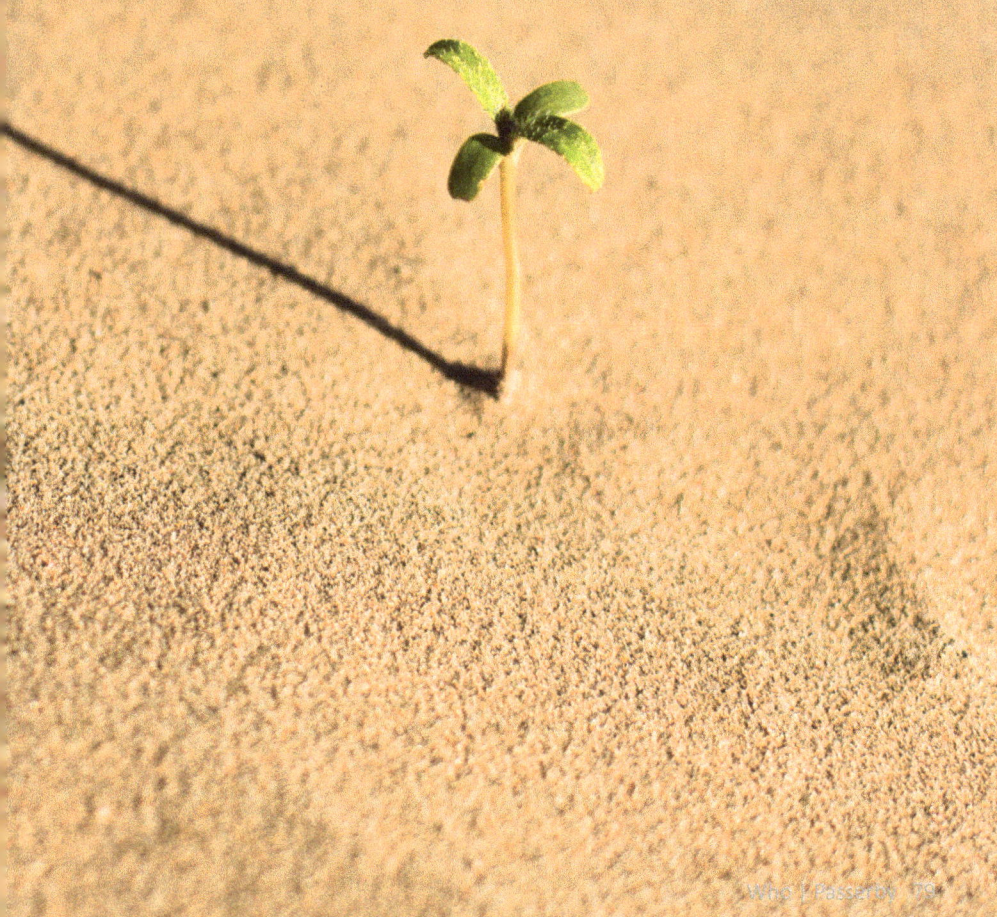

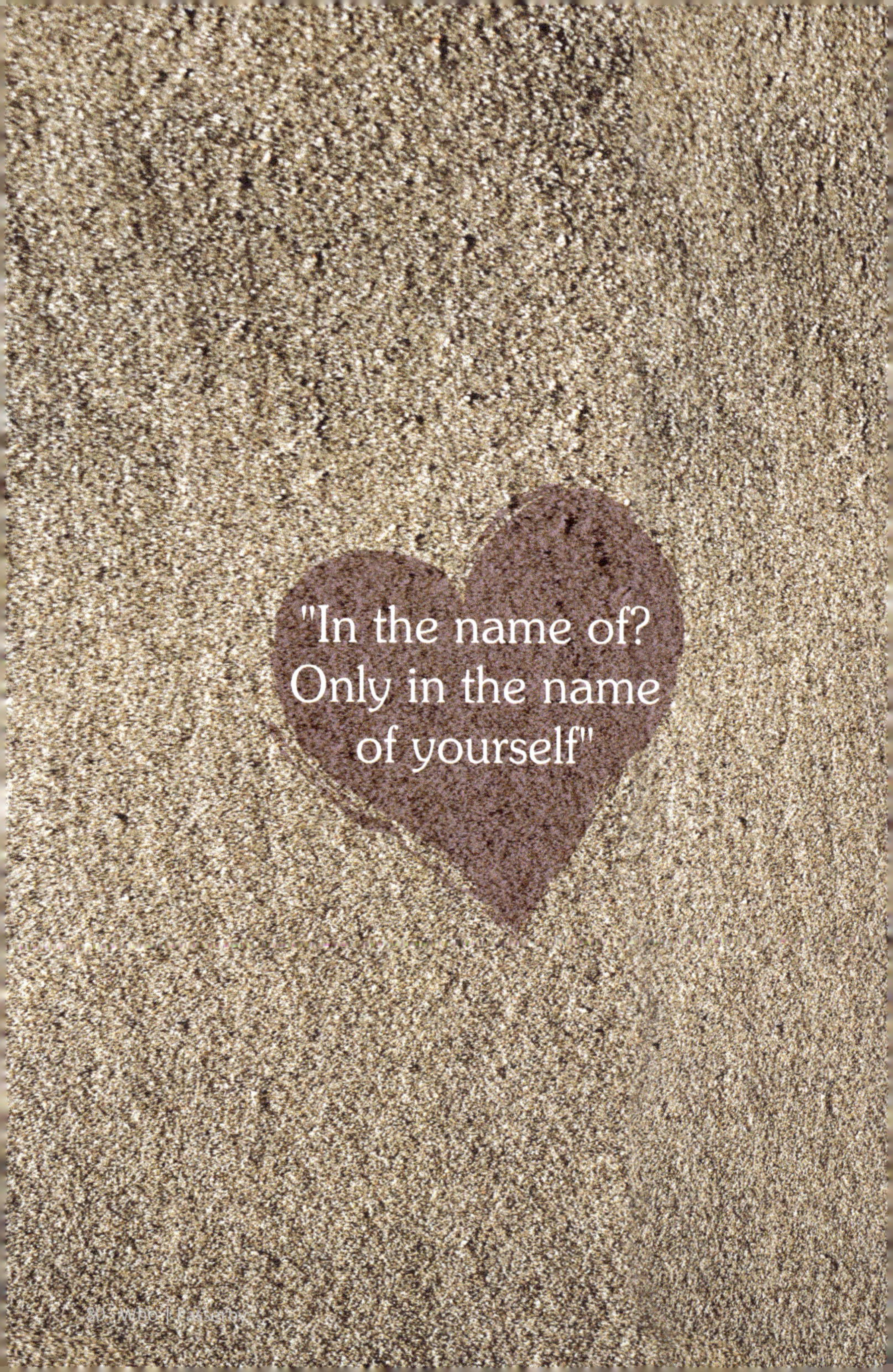

"In the name of?
Only in the name
of yourself"

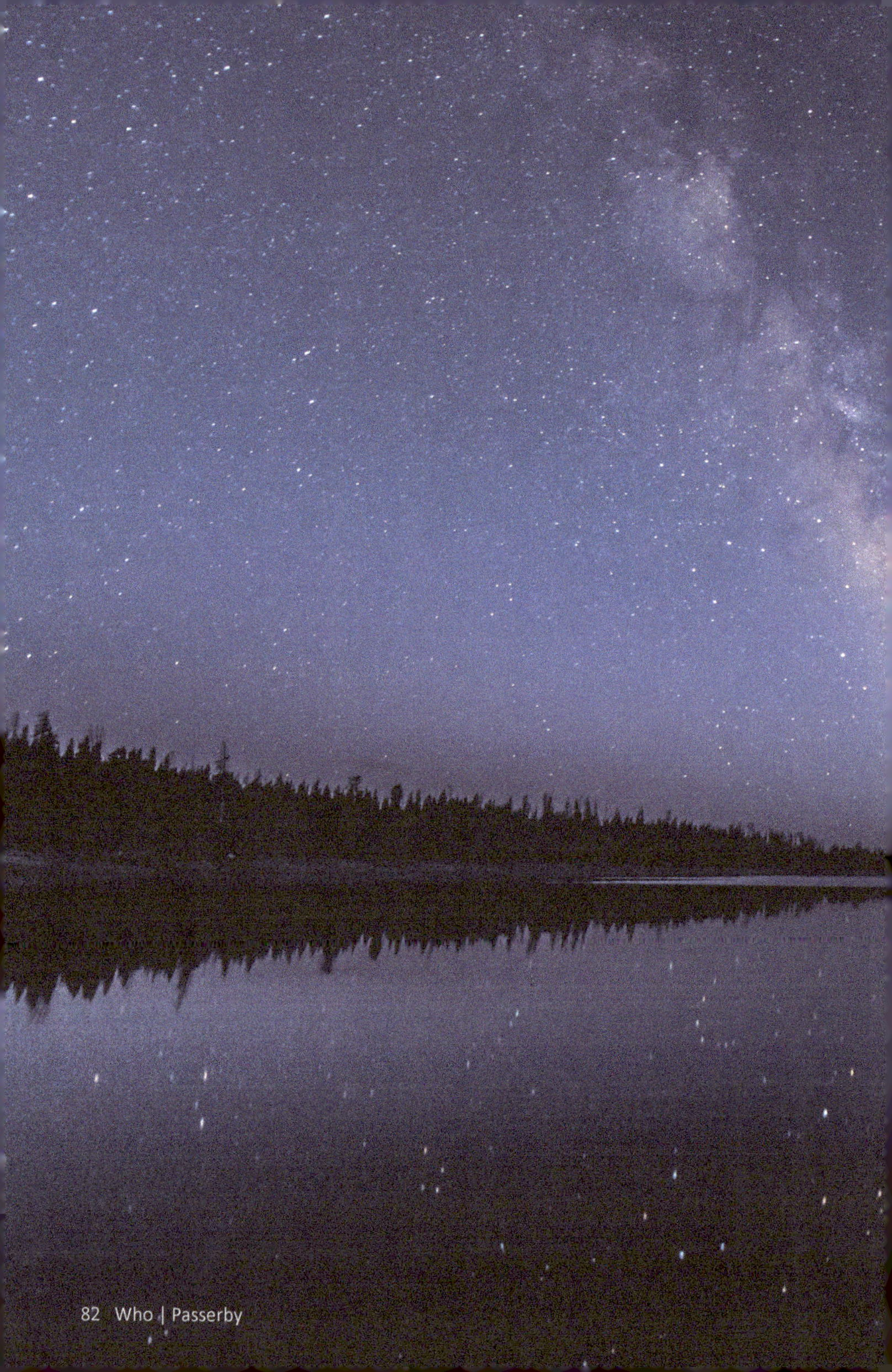

"Reach in for the stars"

Why are you?

To survive mentally, get stronger

Passerby

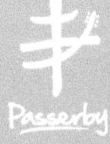

"You need to lose yourself to find your self"

"If you want your dreams to come true,
wake up"

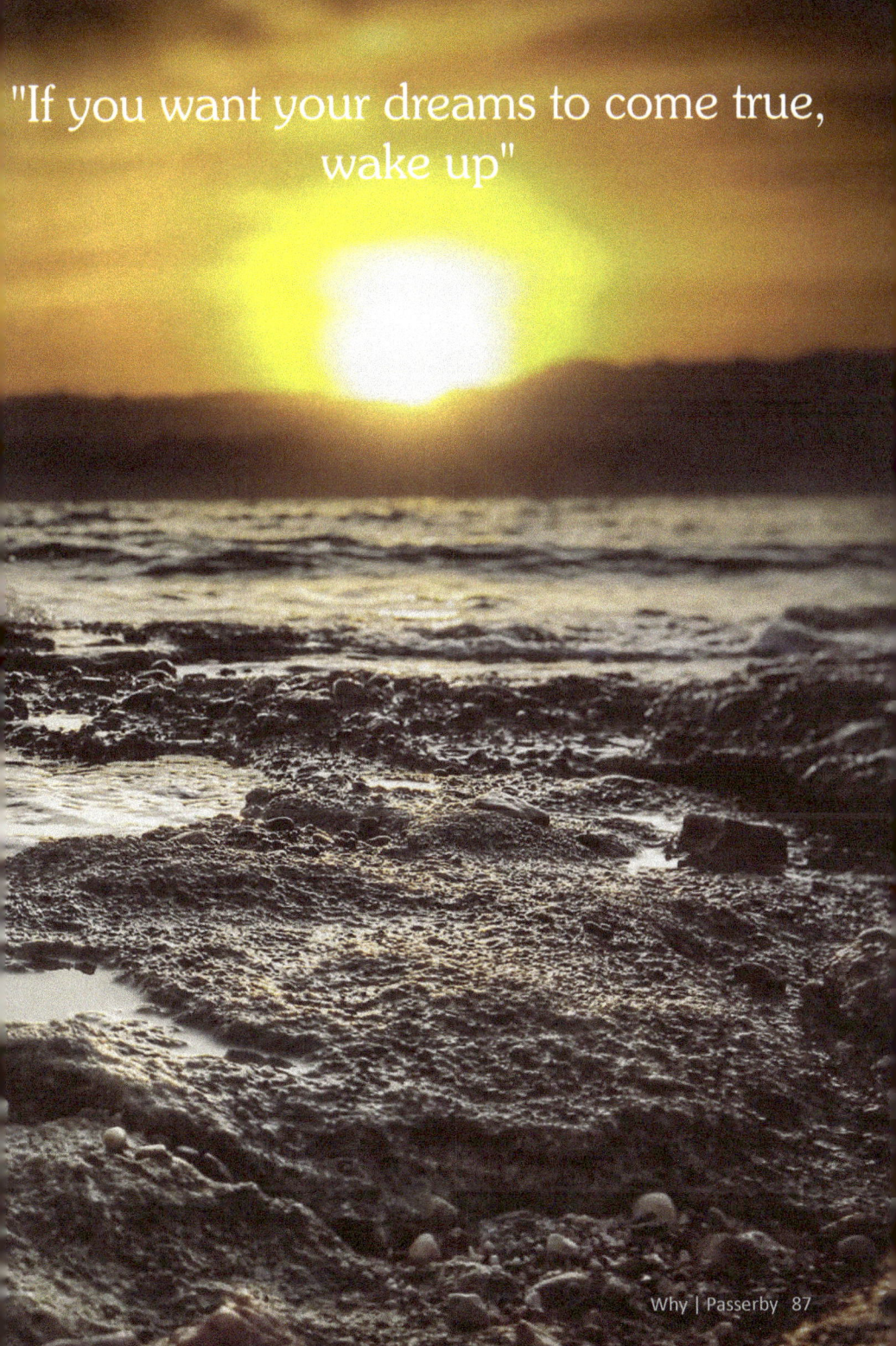

"People learn best through emotion, as it is closer to experience than logic"

"If you don't remember pain,
it might forget about you"

"Save your energy only to enlighten"

"Spirituality is like climbing mountains that are upside down, the top is the foundation, with room for everyone"

"You are as beautiful as your ability to find beauty around you"

"Traveling is not about getting far from your home it's getting far from your comfort zone"

"Winning is a stupid
word everybody loves"

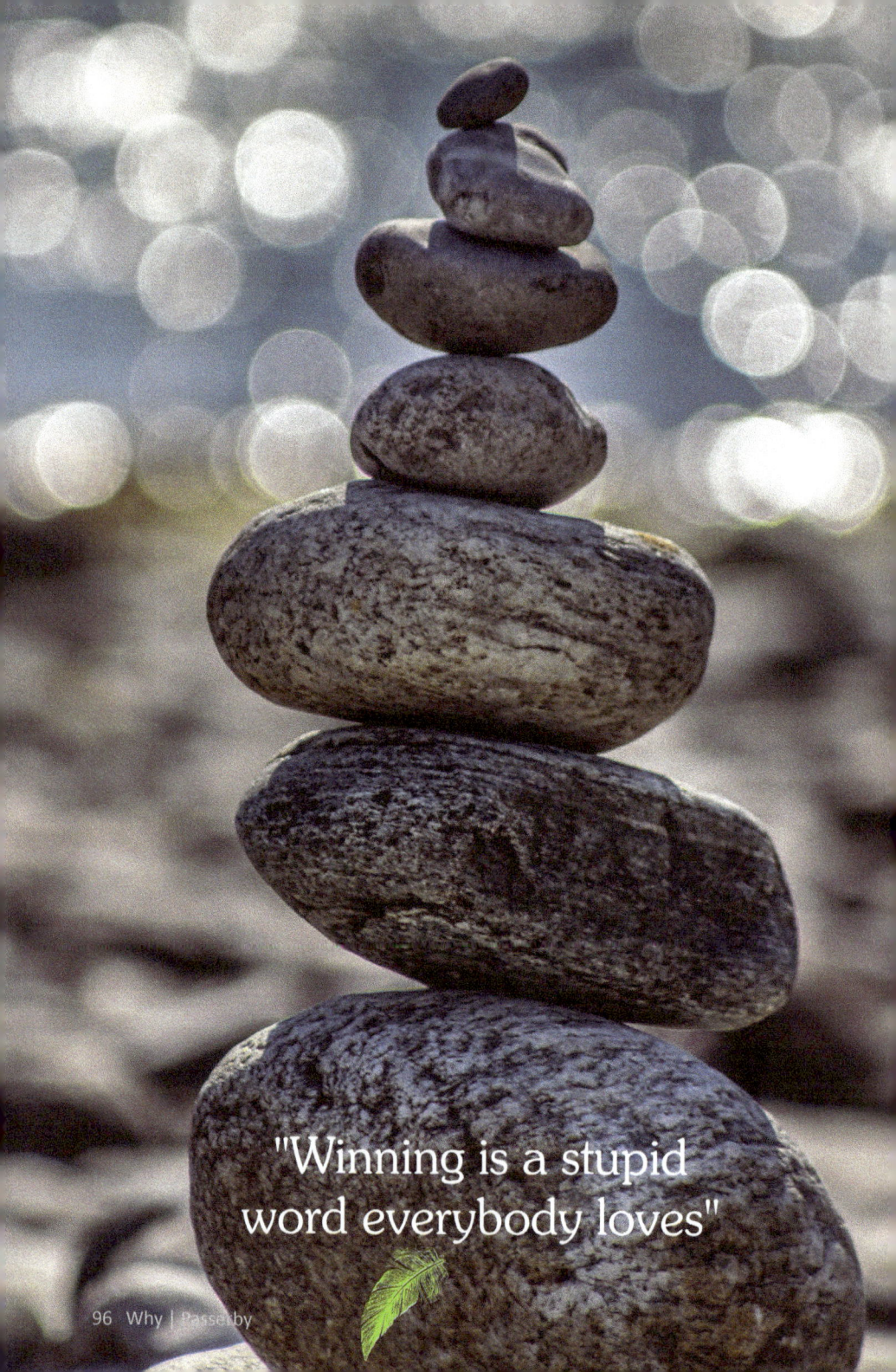

"Google from the inside"

"Zero judgment, infinite possibilities"

"Connect directly to the source,
don't be a secondhand person"

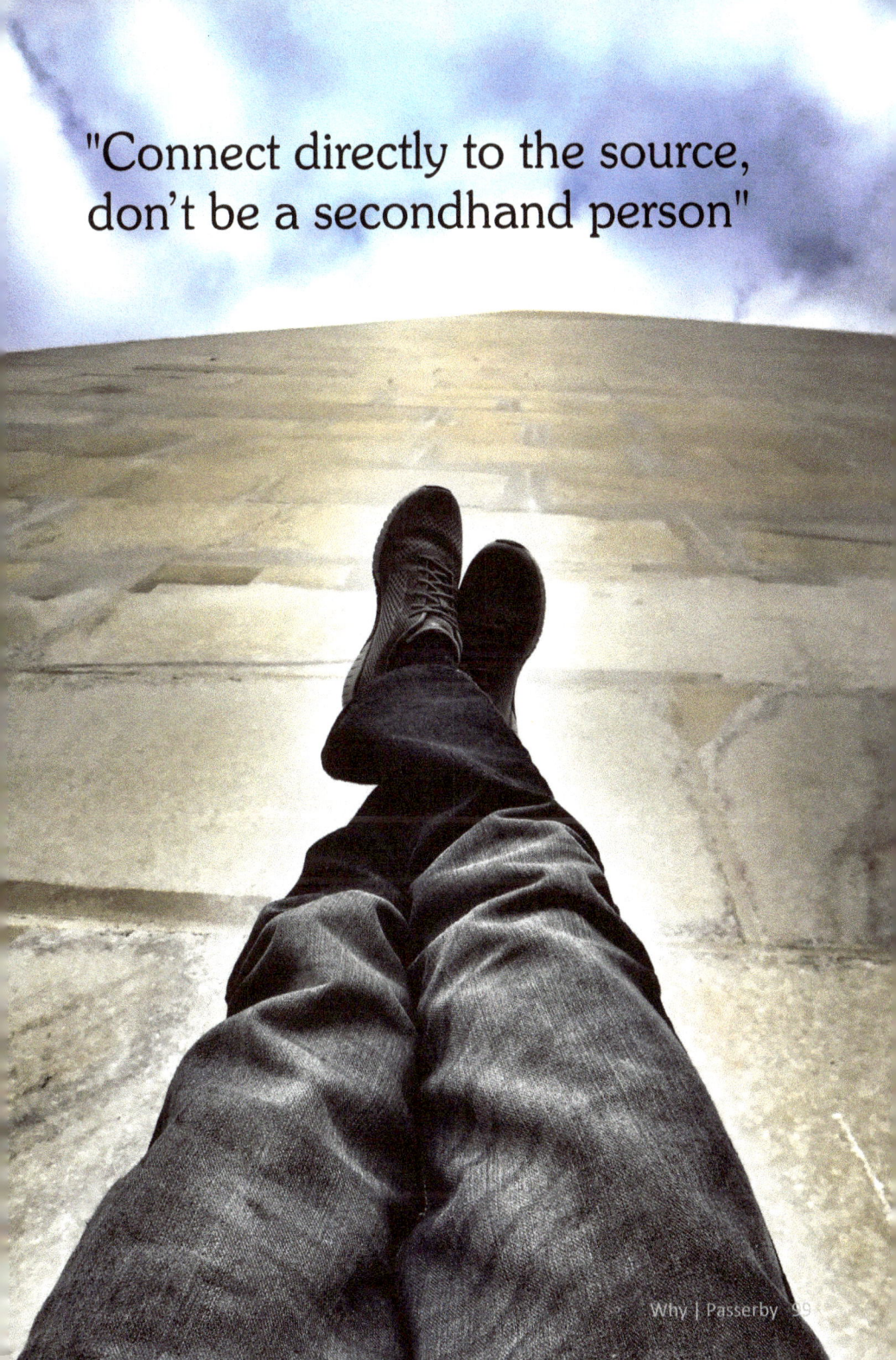

What are you going to do?
Share your unique mental self

Passerby

"Think as a link"

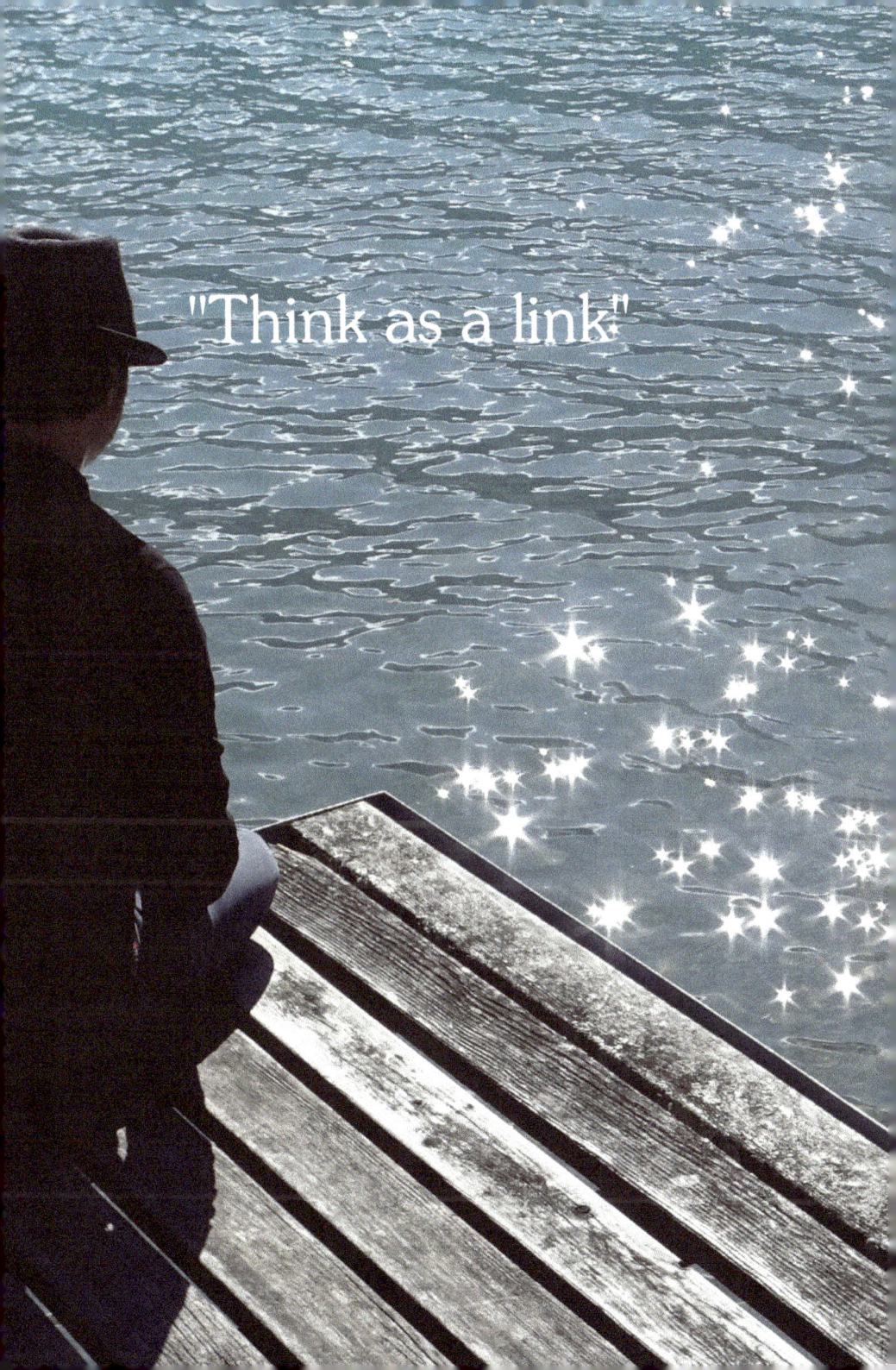

"Everything is waves"

"Forward the light to the places the sun can't reach"

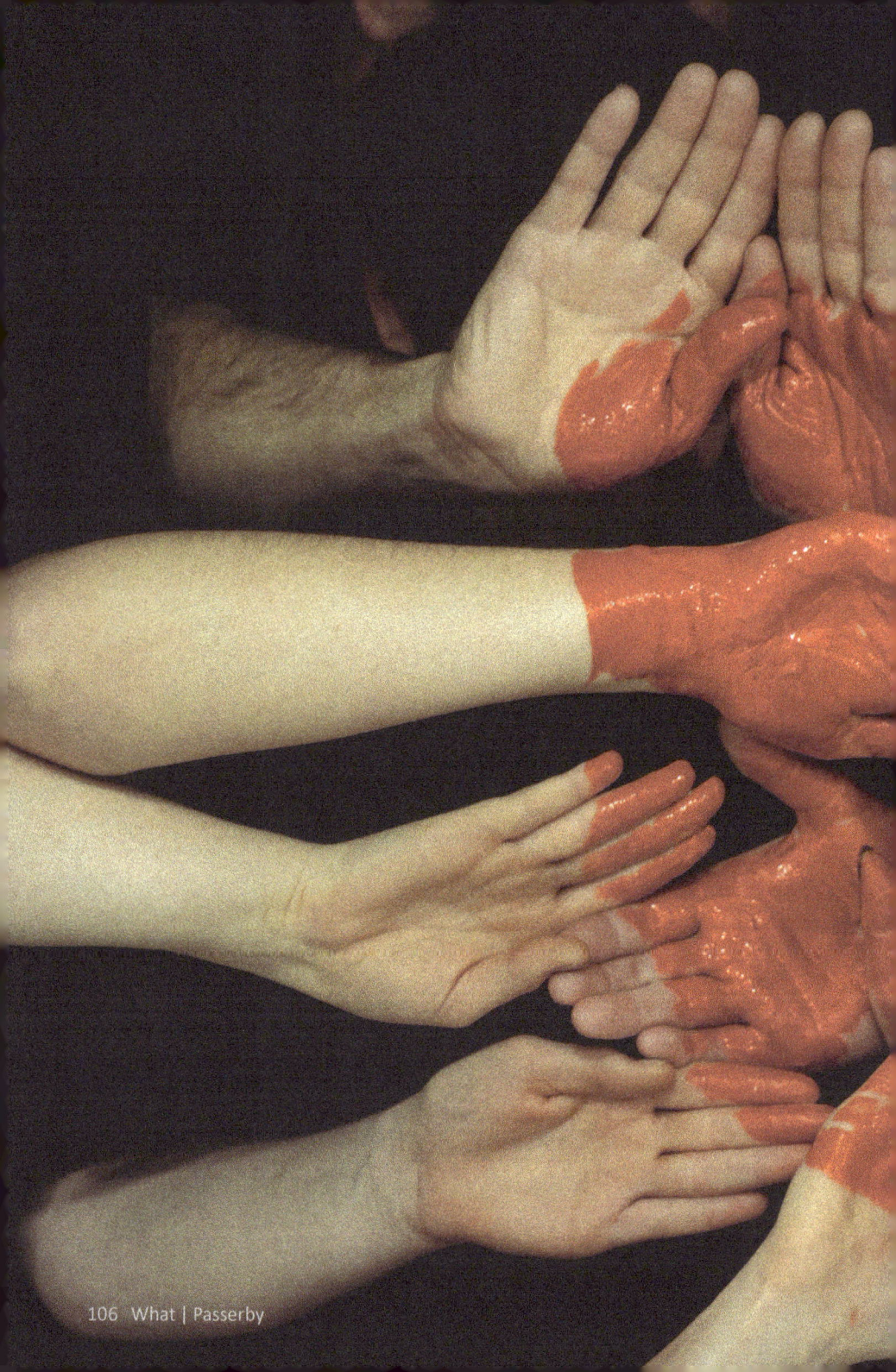

"Hug, hands are the extension of the heart"

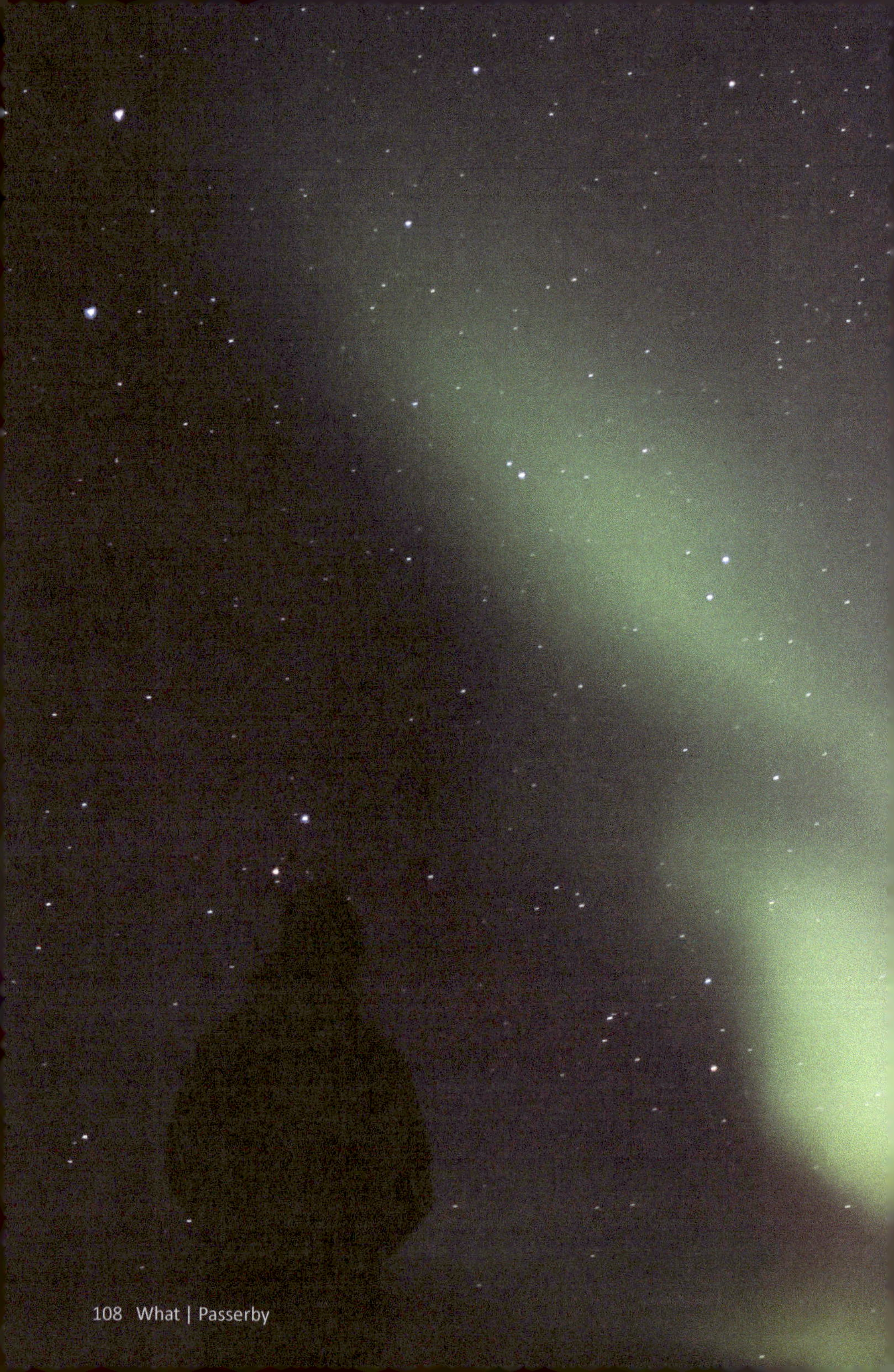

"Master the wave patterns, master the universe"

"Randomness is the
masterpiece of all
creation"

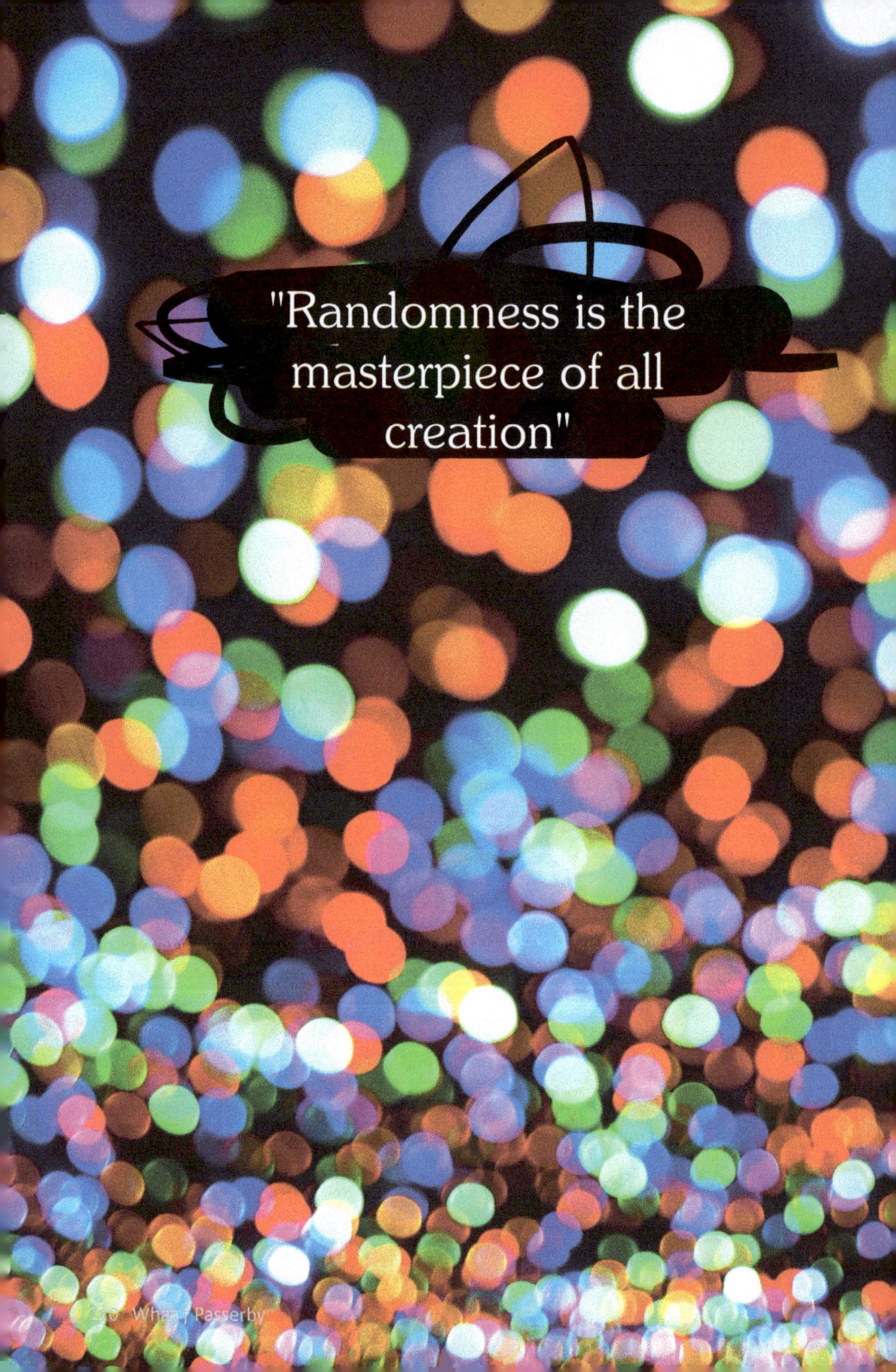

"Stop collecting,
start connecting"

"The greatest way to share your unique self is by merging with others not replacing them"

"We can become masters only by truly serving each other"

"You can import any information using your spiritual Wi-Fi"

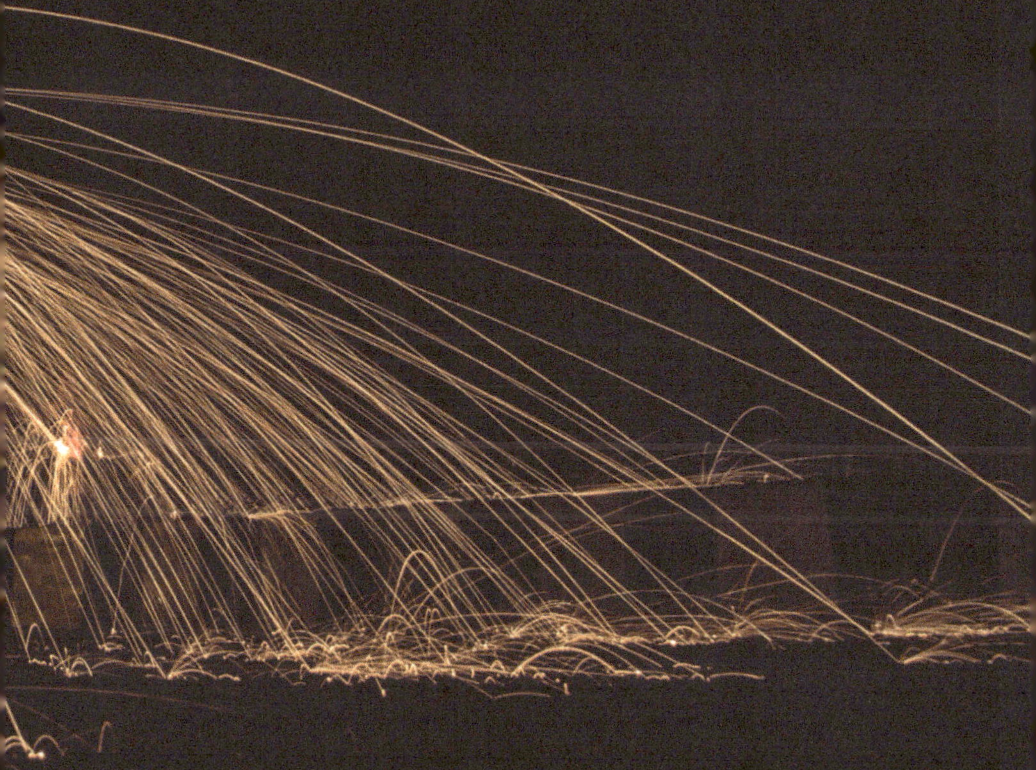

"You don't need to change people, just to love them more"

www.ingramcontent.com/pod-product-compliance
Lightning Source LLC
LaVergne TN
LVHW061526070526
838199LV00009B/384

Orange Books Publication

1st Floor, Rajhans Arcade, Mall Road, Kohka, Bhilai, Chhattisgarh 490020
Website: **www.orangebooks.in**

© **Copyright, 2025, Author**

All rights reserved. No part of this book may be reproduced, stored in a retrieval system, or transmitted, in any form by any means, electronic, mechanical, magnetic, optical, chemical, manual, photocopying, recording or otherwise, without the prior written consent of its writer.

First Edition, 2025

ISBN: 978-93-6554-512-8

स्टार्टअप की यात्रा: चुनौतियाँ और सफलताएं

स्टार्टअप की यात्रा

चुनौतियाँ
— और —
सफलताएं

आनंद आर. यादव

Orange Books Publication
www.orangebooks.in

प्रस्तावना

उद्यमिता की दुनिया एक ऐसी यात्रा है, जिसमें सपनों को हकीकत में बदलने की चुनौती और रोमांच दोनों शामिल हैं। यह यात्रा हर किसी के लिए अलग होती है—किसी के लिए यह एक सीधी राह हो सकती है, तो किसी के लिए यह अनगिनत मोड़ों और बाधाओं से भरी हुई। इस पुस्तक के माध्यम से, मैंने अपने अनुभवों और दृष्टिकोण को साझा करने का प्रयास किया है, जो मैंने निजी क्षेत्र में नवाचार से लेकर रिसर्च और इनक्यूबेशन फाउंडेशन के नेतृत्व तक की अपनी यात्रा के दौरान अर्जित किए हैं।

मेरी यात्रा

मेरा सफर तब शुरू हुआ जब मैंने निजी क्षेत्र में विभिन्न परियोजनाओं पर काम करते हुए नवाचार और व्यवसायिक रणनीतियों की बारीकियों को समझा। उन शुरुआती दिनों ने मुझे सिखाया कि कोई भी विचार कितना भी अनोखा क्यों न हो, उसे सफल व्यवसाय में बदलने के लिए केवल उत्साह ही नहीं, बल्कि दूरदृष्टि, रणनीति, और कठोर परिश्रम की भी आवश्यकता होती है।

इसके बाद, रिसर्च और इनक्यूबेशन फाउंडेशन का हिस्सा बनने का अवसर मिला। इस संगठन ने न केवल मेरी सोच को व्यापक बनाया, बल्कि मुझे उन शुरुआती चरणों की कठिनाइयों को करीब से देखने का मौका दिया, जिनसे स्टार्टअप संस्थापक गुजरते हैं। इस भूमिका ने मुझे यह समझने में मदद की, कि एक विचार को व्यवसाय में बदलने का मतलब केवल उत्पाद

या सेवा का निर्माण करना नहीं है, बल्कि सही टीम, पूंजी, नेटवर्क और बाजार की समझ विकसित करना भी है।

पुस्तक का उद्देश्य

इस पुस्तक को लिखने का मेरा उद्देश्य केवल अपने अनुभव साझा करना नहीं है, बल्कि उन पाठकों के लिए एक मार्गदर्शिका प्रदान करना है, जो स्टार्टअप की दुनिया में कदम रखना चाहते हैं। मैं चाहता हूँ कि यह पुस्तक उनके लिए एक ऐसा साथी बने, जो न केवल उन्हें प्रेरित करे, बल्कि उन्हें उन समस्याओं से निपटने के व्यावहारिक समाधान भी प्रदान करे, जो अक्सर इस यात्रा का हिस्सा होती हैं।

प्रेरणा और सीख

इस पुस्तक में मैंने न केवल सफलताओं के बारे में बात की है, बल्कि उन असफलताओं और गलतियों पर भी प्रकाश डाला है, जिन्होंने मुझे बेहतर बनने में मदद की। मेरा मानना है कि असफलता भी एक महत्वपूर्ण शिक्षक है, जो हमें आगे बढ़ने के लिए तैयार करती है।

अस्वीकरण:

यह पुस्तक पूरी तरह से शैक्षणिक उद्देश्यों के लिए तैयार की गई है। इसमें विभिन्न कंपनियों, ब्रांडों और उत्पादों के नामों का उल्लेख केवल उदाहरण स्वरूप किया गया है ताकि पाठकों को संबंधित विषयों को बेहतर ढंग से समझने में मदद मिल सके।

कंपनियों और ब्रांडों के नामों के उपयोग के बारे में विशेष स्पष्टीकरण:

1. **कोई समर्थन या विरोध नहीं**: इस पुस्तक में उल्लिखित किसी भी कंपनी, ब्रांड, या उत्पाद का उपयोग न तो उन्हें बढ़ावा देने (प्रमोशन) के लिए किया गया है और न ही उनके खिलाफ किसी प्रकार की नकारात्मक राय देने के लिए।

2. **उल्लेख मात्र उदाहरण के लिए है**: किसी भी ब्रांड या कंपनी का नाम केवल अवधारणाओं, सिद्धांतों, या विचारों को स्पष्ट करने के लिए उपयोग किया गया है। इसका उद्देश्य किसी उत्पाद या सेवा की गुणवत्ता, विश्वसनीयता, या उपयोगिता को प्रभावित करना नहीं है।

3. **ट्रेडमार्क अधिकारों का सम्मान**: इस पुस्तक में उल्लिखित सभी ब्रांड और कंपनियों के नाम उनके संबंधित मालिकों के ट्रेडमार्क हो सकते हैं। इनका उपयोग यहां केवल संदर्भ और शिक्षा के लिए किया गया है, और इसका मतलब किसी भी प्रकार के ट्रेडमार्क अधिकारों का उल्लंघन नहीं है।

4. **कोई व्यावसायिक लाभ का उद्देश्य नहीं**: इस पुस्तक में दी गई जानकारी का उपयोग किसी भी व्यावसायिक उद्देश्य के लिए नहीं किया गया है। यह पुस्तक किसी भी कंपनी, ब्रांड, या उत्पाद से संबंधित वित्तीय या व्यावसायिक लाभ प्राप्त करने के उद्देश्य से नहीं लिखी गई है।

5. **तथ्यात्मक और निष्पक्ष दृष्टिकोण**: पुस्तक में उल्लिखित सभी उदाहरण केवल शिक्षा के लिए दिए गए हैं और इनमें लेखक ने निष्पक्षता बनाए रखने की पूरी कोशिश की है।

6. **किसी भी नुकसान के लिए जिम्मेदारी नहीं**: यदि पाठक इस पुस्तक में उल्लिखित किसी कंपनी, ब्रांड, या उत्पाद के नाम के संदर्भ में कोई निर्णय लेते हैं, तो इसके परिणामस्वरूप होने वाले किसी भी लाभ, हानि, या विवाद के लिए लेखक या प्रकाशक जिम्मेदार नहीं होंगे।

7. **विवादों से परहेज**: पुस्तक में उल्लिखित कंपनियों या ब्रांडों की जानकारी या संदर्भ सार्वजनिक रूप से उपलब्ध स्रोतों पर आधारित है। इसका उद्देश्य किसी भी प्रकार के विवाद में शामिल होना नहीं है।

8. **अध्ययन के उद्देश्य से**: किसी भी ब्रांड, कंपनी, या उत्पाद का नाम विशेष रूप से पाठकों को किसी विषय के व्यावहारिक पहलू को समझाने के लिए उपयोग किया गया है।

यह पुस्तक केवल पाठकों की ज्ञानवृद्धि और समझ बढ़ाने के उद्देश्य से लिखी गई है। पाठकों से अनुरोध है कि वे इसमें दी गई जानकारी का उपयोग सतर्कता और अपने विवेक के अनुसार करें।

अन्य महत्वपूर्ण अस्वीकरण:

1. **कॉपीराइट**: इस पुस्तक में दी गई सामग्री लेखक की मौलिक रचना है। इसे बिना अनुमति पुन: प्रस्तुत, प्रकाशित या वितरित करना कानूनन प्रतिबंधित है।

2. **जानकारी की सटीकता**: इस पुस्तक में प्रस्तुत जानकारी यथासंभव सटीक और अद्यतन है। हालांकि, लेखक या प्रकाशक किसी भी त्रुटि या चूक के लिए उत्तरदायी नहीं हैं।

3. **कानूनी या व्यावसायिक सलाह नहीं**: इस पुस्तक में दी गई जानकारी केवल सामान्य ज्ञान के लिए है और इसे कानूनी, वित्तीय, या व्यावसायिक सलाह के रूप में न समझा जाए। किसी भी निर्णय से पहले विशेषज्ञ से परामर्श करें।

4. **विचारों की व्यक्तिगतता**: पुस्तक में प्रस्तुत विचार और दृष्टिकोण पूरी तरह से लेखक के व्यक्तिगत हैं। यह किसी संगठन, व्यक्ति, या ब्रांड के विचारों का प्रतिनिधित्व नहीं करते।

5. **पाठक की जिम्मेदारी**: इस पुस्तक में दी गई जानकारी का उपयोग पाठक अपनी जिम्मेदारी पर करेंगे। किसी भी प्रकार की हानि या नुकसान के लिए लेखक या प्रकाशक उत्तरदायी नहीं होंगे।

यह अस्वीकरण सुनिश्चित करता है कि पुस्तक का उद्देश्य केवल पाठकों को शिक्षित करना है और इसका उपयोग किसी भी अन्य उद्देश्य के लिए नहीं किया जाना चाहिए।

समर्पण

यह पुस्तक मेरे जीवन के उन सभी महत्वपूर्ण व्यक्तियों को समर्पित है, जिन्होंने मुझे प्रेरणा, मार्गदर्शन, और असीम समर्थन प्रदान किया।

सबसे पहले, मेरे माता-पिता—आपके संस्कारों, प्रेम, और आशीर्वाद ने मुझे जीवन में आगे बढ़ने की शक्ति और साहस दिया। आपने मुझे सिखाया

कि कठिन परिश्रम, ईमानदारी, और दृढ़ता से हर सपना पूरा किया जा सकता है। यह पुस्तक आपकी ही सीखों का प्रतिफल है।

मेरी पत्नी—बीवा आपका साथ और विश्वास मेरी हर सफलता की नींव है। आपके धैर्य, समर्पण, और अटूट समर्थन ने मुझे इस पुस्तक को लिखने का साहस और प्रेरणा दी। इस यात्रा के हर उतार-चढ़ाव में आप मेरी सबसे बड़ी शक्ति बनी रहीं।

मेरे गुरुजनों और मार्गदर्शकों—आपके ज्ञान और सिखावन ने मुझे न केवल व्यवसाय और उद्यमिता की गहराइयों को समझने में मदद की, बल्कि जीवन के मूल्यों को भी आत्मसात करने की प्रेरणा दी। आपका मार्गदर्शन हमेशा मेरा पथप्रदर्शक रहेगा।

मेरे परिवार और दोस्तों को—आपकी शुभकामनाओं और अटूट विश्वास ने मुझे हमेशा आगे बढ़ने के लिए प्रेरित किया।

इस पुस्तक को लिखने की यात्रा कठिन लेकिन अद्भुत थी, और इसे संभव बनाने में सबसे बड़ा योगदान मेरे परिवार का है। आप सभी का यह सहयोग और स्नेह हमेशा मेरे साथ रहेगा।

सभी को हृदय से धन्यवाद और प्रणाम।

अनुक्रमणिका

अध्याय 1
एक विचार की उत्पत्ति 1

अध्याय 2
ड्रीम टीम का निर्माण..25

अध्याय 3
वित्तीय चुनौतियों का सामना करना 56

अध्याय 4
सलाहकारों और मार्गदर्शकों की भूमिका (The Role
Of Mentors And Advisors) 86

अध्याय 5
बाज़ार प्रवेश बाधाओं को पार करना........................... 105

अध्याय 6
बजट में मार्केटिंग और ब्रांडिंग......................................139

अध्याय 7
Scaling Up (विस्तार करना) 152

अध्याय 8
   असफलता से सीखना (Learning From Failure)..........172

अध्याय 9
   सफलता की कहानियाँ (Success Stories) 186

अध्याय 10
   समाज को लौटाना (Giving Back)...........................193

अध्याय 11
   आगे का मार्ग (The Road Ahead)........................ 200

अध्याय 1
एक विचार की उत्पत्ति

"सर्वं मनोमयं प्रोक्तं, मनसः कार्यमेव च।
यो मनस्तं विजानाति, स सर्वं विजानति॥"

(संदर्भ: मनुस्मृति)

अर्थ: सब कुछ मन से ही उत्पन्न होता है, मन के कार्य से ही सब संचालित होता है। जो मन को जान लेता है, वह सब कुछ जानने में समर्थ हो जाता है।

हिंदी उद्धरण:

"विचारों की शक्ति ही व्यक्ति के जीवन की दिशा तय करती है। एक सकारात्मक विचार से बड़ी से बड़ी क्रांति का जन्म हो सकता है।"

एक विचार की उत्पत्ति : नवाचार का जन्म

नवाचार का आरंभ अवलोकन से होता है। हर दिन लोग समस्याओं और कमियों का सामना करते हैं, जो जिज्ञासा को जन्म देती हैं और सवाल उठाने के लिए प्रेरित करती हैं। उदाहरण के लिए, राइड-शेयरिंग प्लेटफ़ॉर्म जैसे उबर और ओला, अविश्वसनीय टैक्सी सेवाओं की हताशा से उपजे। इसी तरह, अमेज़न जैसे ई-कॉमर्स दिग्गज खरीदारी को और अधिक सुलभ बनाने की इच्छा से बने। ये उदाहरण दिखाते हैं कि स्टार्टअप विचारों की उत्पत्ति अक्सर किसी अधूरी आवश्यकता को पहचानने या मौजूदा समाधानों को नए तरीके से सोचने में होती है।

नवाचार (Innovation) का जन्म तब होता है जब हम किसी समस्या, कमी, या अप्रभावी प्रक्रिया को पहचानते हैं और उसे बेहतर तरीके से हल करने का प्रयास करते हैं। नवाचार केवल एक नया विचार ही नहीं है, बल्कि इसे अमल में लाने और उपयोगी समाधान में बदलने की प्रक्रिया है। यह समाज की जरूरतों, तकनीकी प्रगति, और व्यक्तिगत जिज्ञासा के मेल से उभरता है। आइए विस्तार से समझते हैं कि नवाचार का जन्म कैसे और क्यों होता है।

1. अवलोकन (Observation): नवाचार का पहला कदम

हर दिन हम समस्याओं और चुनौतियों का सामना करते हैं। लेकिन केवल वे लोग जो इन समस्याओं पर गहराई से ध्यान देते हैं और सवाल उठाते हैं– "क्या इसे बेहतर बनाया जा सकता है?" – नवाचार के पहले चरण में प्रवेश करते हैं।

उदाहरण:

- **राइड-शेयरिंग प्लेटफॉर्म्स:** उबर और ओला का जन्म इस सवाल से हुआ कि "क्या परिवहन सेवाओं को अधिक सुविधाजनक और भरोसेमंद बनाया जा सकता है?"

- **ई-कॉमर्स:** अमेज़न ने देखा कि लोगों को खरीदारी के लिए बार-बार बाजार जाना पड़ता है। इसे ऑनलाइन प्लेटफॉर्म के माध्यम से आसान और तेज़ बनाया गया।

अवलोकन वह प्रक्रिया है जो नवाचार की नींव रखती है। इसका उद्देश्य हमारे आसपास की दुनिया को ध्यान से देखना, समझना, और उसमें मौजूद समस्याओं, कमियों, या अवसरों की पहचान करना है। यह केवल बाहरी घटनाओं या वस्तुओं को देखना भर नहीं है, बल्कि उनके कारणों और प्रभावों को समझने का एक गहन प्रयास है। नवाचार का पहला कदम यही है कि हम अपने परिवेश में मौजूद असुविधाओं या अप्रभावी प्रक्रियाओं को पहचानें और यह विचार करें कि उन्हें बेहतर कैसे बनाया जा सकता है।

अवलोकन के महत्व और प्रक्रिया

1. **समस्याओं की पहचान:** अवलोकन से हमें यह समझने में मदद मिलती है कि लोग किन समस्याओं का सामना कर रहे हैं। यह समस्याएं रोजमर्रा की जिंदगी में हो सकती हैं, जैसे कि लंबी लाइनों में खड़ा होना, खराब ग्राहक सेवा, या ऐसी तकनीकी प्रक्रियाएं जो धीमी या जटिल हैं।

उदाहरण:

- जब उबर और ओला के संस्थापकों ने देखा कि पारंपरिक टैक्सी सेवाएं समय पर नहीं आती थीं और ग्राहकों के अनुभव

खराब थे, उन्होंने इस समस्या को हल करने के लिए एक आसान राइड-शेयरिंग ऐप विकसित किया।

2. **उपयोगकर्ता व्यवहार का अध्ययन:** अवलोकन हमें यह जानने में मदद करता है कि लोग किसी सेवा या उत्पाद का उपयोग कैसे करते हैं। इसके लिए उपयोगकर्ता की आदतों, उनकी प्राथमिकताओं, और उनकी प्रतिक्रियाओं को समझना जरूरी है।

उदाहरण:

- एयरबीएनबी का विचार तब आया जब संस्थापकों ने देखा कि एक शहर में रहने की सुविधाओं की कमी के कारण लोग विकल्पों की तलाश कर रहे थे। इस समस्या को पहचानते हुए उन्होंने घरों को किराए पर लेने का प्लेटफॉर्म बनाया।

3. **पारिस्थितिकीय परिवेश की पहचान:** कई बार नवाचार का बीज उस पर्यावरण या पारिस्थितिकीय ढांचे में छिपा होता है जहां हम काम करते हैं। इसका मतलब यह है कि हम यह देख सकते हैं कि किन प्रक्रियाओं में सुधार की गुंजाइश है।

उदाहरण:

- किसानों के लिए कठिनाई भरे काम जैसे मिट्टी की जांच या फसल की निगरानी को ध्यान में रखकर ड्रोन तकनीक और सेंसर आधारित उपकरण विकसित किए गए।

1. अवलोकन के माध्यम से नवाचार कैसे उत्पन्न होता है?

अवलोकन केवल देखने तक सीमित नहीं है; यह एक सक्रिय प्रक्रिया है जिसमें चार चरण शामिल होते हैं:

1. **समस्या का अवलोकन:** किसी समस्या को महसूस करना या उस पर ध्यान देना पहला कदम है। यह समझना जरूरी है कि यह समस्या क्यों मौजूद है।

उदाहरण:

- ऑनलाइन भुगतान प्रणाली की जटिलता ने पेटीएम जैसे समाधान को जन्म दिया।

2. **समस्या का गहन विश्लेषण:** समस्या के सभी पहलुओं को समझने और यह जानने की जरूरत होती है कि यह समस्या किन लोगों को प्रभावित करती है और इसके प्रभाव क्या हैं।

उदाहरण:

- जब ज़ूम का निर्माण हुआ, तो संस्थापकों ने यह ध्यान दिया कि मौजूदा वीडियो कॉलिंग टूल उपयोग में कठिन और धीमे थे।

3. **संभावनाओं की तलाश:** हर समस्या में एक अवसर छिपा होता है। अवलोकन का उद्देश्य इस अवसर को पहचानना और उसे भुनाने के लिए रणनीति बनाना है।

उदाहरण:

- नेटफ्लिक्स ने देखा कि लोग डीवीडी किराए पर लेने के झंझट से बचना चाहते थे, और उन्होंने ऑनलाइन स्ट्रीमिंग का विचार पेश किया।

4. **रचनात्मकता का समावेश:** रचनात्मक सोच के बिना अवलोकन का कोई महत्व नहीं है। आपको यह सोचना होगा कि समस्या को हल करने के लिए पारंपरिक तरीकों से हटकर क्या किया जा सकता है।

निष्कर्ष

अवलोकन नवाचार का आधार है। यह हमारे आसपास की समस्याओं, प्रक्रियाओं, और अवसरों को समझने और उनका समाधान खोजने का पहला कदम है। एक गहरी, सोच-समझकर की गई अवलोकन प्रक्रिया से ही बड़े नवाचार उत्पन्न होते हैं। यह केवल देखने का काम नहीं है, बल्कि यह जानने और समझने का एक ऐसा दृष्टिकोण है, जो हमें नए और बेहतर समाधान की ओर ले जाता है।

2. समस्या की पहचान और समाधान की खोज

नवाचार की शुरुआत अक्सर समस्याओं को हल करने से होती है। हर बार जब हम किसी कमी को महसूस करते हैं, तो उसे पूरा करने के तरीके ढूंढते हैं।

- समस्या का गहराई से विश्लेषण करना यह समझने में मदद करता है कि यह समस्या क्यों है।

- समाधान खोजने का यह प्रयास नए विचार और तकनीकों को जन्म देता है।

उदाहरण:

- डेयरी किसानों के लिए दूध की गुणवत्ता जांचना कठिन था। इससे प्रेरणा लेकर मिल्क एनालाइजर उपकरण बनाए गए।

नवाचार की प्रक्रिया में समस्या की पहचान और समाधान की खोज सबसे महत्वपूर्ण चरण हैं। यह चरण उस बिंदु से शुरू होता है जहां हम किसी समस्या या कमी को महसूस करते हैं और इसे हल करने के लिए एक प्रभावी और नवीन समाधान खोजने की दिशा में काम करते हैं। यह प्रक्रिया न केवल एक गहन अवलोकन की मांग करती है, बल्कि इसमें रचनात्मक सोच, रणनीतिक योजना, और समस्याओं के गहरे विश्लेषण की भी आवश्यकता होती है।

1. समस्या की पहचान (Problem Identification)

किसी समस्या को हल करने के लिए सबसे पहले यह समझना जरूरी है कि समस्या वास्तव में क्या है। यह पहचान कई स्रोतों से हो सकती है:

(i) वास्तविक जीवन के अनुभव:

- अक्सर समस्याओं की पहचान हमारे दैनिक जीवन से होती है। जब हम किसी सेवा, प्रक्रिया, या उत्पाद का उपयोग करते हैं और उसमें किसी कमी का अनुभव करते हैं, तो वह समस्या हमारे सामने प्रकट होती है।

(ii) उपयोगकर्ता की जरूरतें और दर्द बिंदु:

- समस्याएं अक्सर उपयोगकर्ताओं के दर्द बिंदु (pain points) से जुड़ी होती हैं। ये ऐसी स्थितियां होती हैं जो उपयोगकर्ता को असुविधा या असंतोष देती हैं।

उदाहरण:

- पारंपरिक बैंकिंग प्रक्रियाओं की जटिलता और समय लगने के कारण फिनटेक कंपनियों जैसे Paytm और PhonePe का जन्म हुआ।

(iii) बाजार और प्रतिस्पर्धा का अध्ययन:

- समस्याओं की पहचान के लिए बाजार का अध्ययन और प्रतिस्पर्धी उत्पादों की समीक्षा करना भी महत्वपूर्ण है। यह अध्ययन यह समझने में मदद करता है कि मौजूदा समाधान कहाँ विफल हो रहे हैं।

उदाहरण:

- ई-कॉमर्स में अमेज़न ने देखा कि ऑफलाइन शॉपिंग समय-साध्य थी और इसे ऑनलाइन प्लेटफॉर्म के जरिए हल किया जा सकता है।

(iv) सामाजिक और पर्यावरणीय मुद्दे:

- व्यापक समस्याओं जैसे जलवायु परिवर्तन, संसाधनों की कमी, या सामाजिक असमानता को हल करने के लिए भी नवाचार हो सकते हैं।

उदाहरण:

- प्लास्टिक प्रदूषण की समस्या ने बायोडिग्रेडेबल सामग्री के उत्पादों की शुरुआत को बढ़ावा दिया।

2. समस्या का विश्लेषण (Analyzing the Problem)

किसी समस्या की पहचान करने के बाद, इसका गहन विश्लेषण आवश्यक है। यह चरण समस्या को उसके मूल तत्वों में विभाजित करके समझने पर केंद्रित होता है।

(i) समस्या का दायरा:

- समस्या कितने लोगों को प्रभावित करती है?
- यह समस्या कब और कहाँ प्रकट होती है?
- इसके प्रभाव कितने गंभीर हैं?

उदाहरण:

- धीमी इंटरनेट स्पीड एक समस्या थी जिसने ऑनलाइन कामकाज को बाधित किया। इसका समाधान 4G और 5G नेटवर्क के रूप में विकसित हुआ।

(ii) समस्या के कारण:

- समस्या के मूल कारणों को समझना आवश्यक है। यह पहचानने से मदद मिलती है कि समस्या क्यों और कैसे उत्पन्न हुई।

उदाहरण:

- कृषि क्षेत्र में उपज की घटती गुणवत्ता का कारण मिट्टी की जांच में कमी थी। इसका समाधान स्मार्ट सेंसर और तकनीकी उपकरणों के जरिए किया गया।

(iii) मौजूदा समाधान की सीमाएँ:

- क्या पहले से कोई समाधान मौजूद है?
- यदि हाँ, तो वह कहाँ विफल हो रहा है?

उदाहरण:

- पारंपरिक टेलीफोन सेवाओं की सीमाओं ने व्हाट्सएप और स्काइप जैसे इंटरनेट आधारित संचार उपकरणों की मांग को बढ़ावा दिया।

3. समाधान की खोज (Finding Solutions)

समस्या की पहचान और विश्लेषण के बाद, अगला चरण समाधान की खोज करना है। समाधान की खोज एक रचनात्मक और व्यवस्थित प्रक्रिया है, जिसमें समस्या को हल करने के लिए संभावित तरीकों का पता लगाया जाता है।

(i) रचनात्मक सोच और नए दृष्टिकोण:

- समाधान खोजने के लिए पारंपरिक तरीकों से अलग हटकर सोचना पड़ता है।

उदाहरण:

- पारंपरिक शिक्षा प्रणाली की सीमाओं को देखते हुए ऑनलाइन शिक्षण प्लेटफॉर्म जैसे बायजूस और खान एकेडमी विकसित किए गए।

(ii) तकनीकी प्रगति का उपयोग:

- उभरती हुई तकनीकों का उपयोग करके समाधान तैयार किए जा सकते हैं।

उदाहरण:

- आर्टिफिशियल इंटेलिजेंस (AI) और मशीन लर्निंग (ML) का उपयोग हेल्थकेयर में बीमारियों की पहचान और उपचार में किया गया।

(iii) प्रोटोटाइप और परीक्षण:

- समाधान के रूप में एक प्रोटोटाइप या न्यूनतम व्यवहार्य उत्पाद (MVP) बनाकर इसे वास्तविक परिस्थितियों में परीक्षण किया जाता है।

उदाहरण:

- ड्राइविंग सेवाओं के लिए उबर ने एक शुरुआती ऐप लॉन्च किया, जिसे उपयोगकर्ताओं की प्रतिक्रिया के आधार पर लगातार बेहतर बनाया गया।

(iv) उपयोगकर्ता प्रतिक्रिया:

- उपयोगकर्ता से प्रतिक्रिया लेकर समाधान को बेहतर बनाना नवाचार की प्रक्रिया का हिस्सा है।

उदाहरण:

- सोशल मीडिया प्लेटफॉर्म जैसे इंस्टाग्राम और फेसबुक ने उपयोगकर्ता प्रतिक्रिया के आधार पर लगातार अपने फीचर्स में सुधार किया।

निष्कर्ष

समस्या की पहचान और समाधान की खोज नवाचार की प्रक्रिया में मील का पत्थर है। सही समाधान खोजने के लिए समस्या की गहरी समझ, रचनात्मक दृष्टिकोण, और उपयोगकर्ता केंद्रित सोच का मेल जरूरी है। जब समस्याओं को एक अवसर के रूप में देखा जाता है और उनका समाधान प्रभावी तरीके से किया जाता है, तो यही नवाचार का वास्तविक सार बनता है।

1. जिज्ञासा और रचनात्मकता का मेल

नवाचार का जन्म केवल समस्याओं को पहचानने से नहीं होता, बल्कि उन्हें हल करने के लिए नए और रचनात्मक दृष्टिकोण की आवश्यकता होती है।

- **जिज्ञासा:** "क्या यह किया जा सकता है?" यह सवाल अक्सर नवाचार का मूल होता है।

- **रचनात्मकता:** समस्याओं को हल करने के लिए पारंपरिक तरीकों से हटकर नए दृष्टिकोण अपनाना रचनात्मकता है।

उदाहरण:

- एलन मस्क ने सस्टेनेबल एनर्जी और स्पेस एक्सप्लोरेशन की सीमाओं को चुनौती दी। उन्होंने इलेक्ट्रिक कारें (टेस्ला) और स्पेस ट्रैवल (स्पेसएक्स) में नवाचार लाया।

- 3D प्रिंटिंग तकनीक, जो जिज्ञासा और रचनात्मकता का अद्भुत उदाहरण है, स्वास्थ्य और निर्माण क्षेत्र में क्रांति ला चुकी है।

जिज्ञासा और रचनात्मकता का मेल

नवाचार और नई खोजों का आधार जिज्ञासा और रचनात्मकता का संयोग है। यह मेल किसी समस्या को समझने, उसका समाधान खोजने, और एक अद्वितीय दृष्टिकोण अपनाने की प्रक्रिया को प्रेरित करता है। जहां जिज्ञासा हमें सवाल पूछने, चीजों को गहराई से समझने और नए दृष्टिकोण तलाशने की प्रेरणा देती है, वहीं रचनात्मकता उन सवालों के जवाब देने और नए समाधान प्रस्तुत करने की क्षमता प्रदान करती है।

1. जिज्ञासा: नई सोच की शुरुआत

(i) जिज्ञासा का महत्व:

जिज्ञासा वह मानसिकता है जो हमें यह जानने के लिए प्रेरित करती है कि "क्यों?", "कैसे?" और "क्या हो सकता है?"। यह हमें वर्तमान स्थितियों

पर सवाल उठाने और नई संभावनाओं की खोज करने की दिशा में प्रेरित करती है।

उदाहरण:

- स्टीव जॉब्स की जिज्ञासा ने उन्हें यह सोचने पर मजबूर किया कि क्यों कंप्यूटर उपयोगकर्ताओं के लिए इतने जटिल हैं। इस सवाल ने मैकिन्टॉश और आईफोन जैसे उत्पादों को जन्म दिया।

(ii) समस्याओं को गहराई से समझना:

जिज्ञासा समस्याओं को सतही तौर पर देखने के बजाय उनकी गहराई में जाने की आदत विकसित करती है। यह हमें जड़ों तक पहुंचने और यह समझने में मदद करती है कि समस्याएं कैसे और क्यों उत्पन्न होती हैं।

उदाहरण:

- एलन मस्क की यह जिज्ञासा कि स्पेस ट्रैवल इतना महंगा क्यों है, ने रीयूजेबल रॉकेट्स का विकास करने के लिए स्पेसएक्स को प्रेरित किया।

(iii) अनजाने क्षेत्रों की खोज:

जिज्ञासा हमें उन क्षेत्रों में भी झांकने के लिए प्रेरित करती है, जिनके बारे में हमें अधिक जानकारी नहीं होती। यह हमारे दिमाग को नई संभावनाओं और विचारों के लिए खोलती है।

उदाहरण:

- थॉमस एडिसन की जिज्ञासा ने उन्हें बिजली और प्रकाश बल्ब जैसे आविष्कारों पर काम करने के लिए प्रेरित किया।

2. रचनात्मकता: जिज्ञासा का परिणाम

(i) रचनात्मकता क्या है?

रचनात्मकता वह क्षमता है जो किसी समस्या को हल करने के लिए नए और अद्वितीय तरीके प्रदान करती है। यह मौजूदा संसाधनों और विचारों का उपयोग करके कुछ ऐसा तैयार करने की कला है, जो न केवल नया हो, बल्कि प्रभावी और व्यावहारिक भी हो।

उदाहरण:

- वॉल्ट डिज्नी ने रचनात्मकता का उपयोग करके मनोरंजन को एक नया आयाम दिया, जिससे डिज़्नी ब्रांड और थीम पार्क की शुरुआत हुई।

(ii) रचनात्मकता के स्रोत:

1. **कल्पना शक्ति:**

- कल्पना किसी समस्या के समाधान के लिए नए विचार उत्पन्न करने का आधार है।

2. **मौजूदा संसाधनों का पुनः उपयोग:**

- मौजूदा उत्पादों और विचारों को नए तरीकों से प्रस्तुत करना।

उदाहरण:

- व्हाट्सएप ने मौजूदा इंटरनेट इंफ्रास्ट्रक्चर का उपयोग कर संचार को सरल और किफायती बनाया।

3. **तकनीकी इनोवेशन:**

- नई तकनीकों को अपनाना और उनका क्रांतिकारी उपयोग करना।

उदाहरण:

- आर्टिफिशियल इंटेलिजेंस का उपयोग करके चैट जीपीटी जैसे टूल का विकास।

(iii) रचनात्मकता का परिणाम:

रचनात्मकता उन विचारों को मूर्त रूप देती है जो जिज्ञासा के परिणामस्वरूप उत्पन्न होते हैं। यह एक अवधारणा को वास्तविक उत्पाद या सेवा में बदलने की प्रक्रिया है।

3. जिज्ञासा और रचनात्मकता का मेल: कैसे होता है नवाचार?

(i) सवाल पूछने और समाधान खोजने का संतुलन:

जिज्ञासा हमें सवाल पूछने के लिए प्रेरित करती है, जैसे "यह समस्या क्यों है?" या "यह बेहतर कैसे हो सकता है?" रचनात्मकता इन सवालों का जवाब देने के लिए अद्वितीय समाधान प्रस्तुत करती है।

उदाहरण:

- एयरबीएनबी के संस्थापकों ने यह सोचा कि क्या लोग होटल के अलावा अन्य स्थानों पर ठहरना चाहेंगे। इस जिज्ञासा ने रचनात्मक समाधान के रूप में एक प्लेटफॉर्म को जन्म दिया, जहां लोग अपने घर किराए पर दे सकते हैं।

(ii) अलग सोचने का नजरिया:

जिज्ञासा और रचनात्मकता का मेल हमें पारंपरिक ढ़ंग से हटकर सोचने के लिए प्रेरित करता है। यह नवाचार का आधार बनता है।

उदाहरण:

- टेस्ला ने इलेक्ट्रिक कारों को न केवल पर्यावरण के अनुकूल बनाया, बल्कि उन्हें आधुनिक, आकर्षक, और शक्तिशाली भी बनाया।

(iii) प्रयोग और जोखिम लेने की मानसिकता:

जब जिज्ञासा और रचनात्मकता एक साथ आती हैं, तो यह प्रयोग करने और जोखिम उठाने की क्षमता को बढ़ावा देती हैं। यह प्रक्रिया नए विचारों की खोज में महत्वपूर्ण होती है।

4. वास्तविक जीवन के उदाहरण

(i) गूगल:

- जिज्ञासा: इंटरनेट पर जानकारी खोजना इतना कठिन क्यों है?
- रचनात्मकता: एक ऐसा सर्च इंजन बनाना जो तेज़ और उपयोगकर्ता-अनुकूल हो।

परिणाम: दुनिया का सबसे बड़ा सर्च इंजन।

(ii) आईकेईए (IKEA):

- जिज्ञासा: फर्नीचर की खरीदारी को लोग इतना महंगा और जटिल क्यों मानते हैं?

- **रचनात्मकता:** फ्लैट-पैक फर्नीचर का निर्माण, जिसे ग्राहक खुद असेंबल कर सकें।

  परिणाम: फर्नीचर इंडस्ट्री में क्रांति।

(iii) स्पेसएक्स:

- **जिज्ञासा:** स्पेस ट्रैवल को सस्ता और पुन: उपयोगी कैसे बनाया जा सकता है?

- **रचनात्मकता:** रीयूजेबल रॉकेट्स का निर्माण।

  परिणाम: स्पेस एक्सप्लोरेशन के क्षेत्र में क्रांतिकारी बदलाव।

निष्कर्ष

जिज्ञासा और रचनात्मकता का मेल नवाचार की आत्मा है। जिज्ञासा हमें समस्याओं को पहचानने और उनकी गहराई में जाने के लिए प्रेरित करती है, जबकि रचनात्मकता उन समस्याओं के अनोखे समाधान प्रदान करती है। जब दोनों एक साथ आते हैं, तो नए विचार, उत्पाद, और सेवाएं जन्म लेती हैं जो हमारी जिंदगी को बेहतर और आसान बनाती हैं। यह मेल हर सफल उद्यमिता और नवाचार के केंद्र में है।

4. नवाचार और असफलता का संबंध

नवाचार (Innovation) और असफलता (Failure) का गहरा और अनिवार्य संबंध है। नवाचार का अर्थ है नई चीजों का निर्माण, नए विचारों का कार्यान्वयन, और मौजूदा समस्याओं के लिए रचनात्मक समाधान खोजना। हालांकि, हर नया प्रयास, विशेष रूप से अनिश्चित परिस्थितियों में, असफलता का जोखिम भी लेकर आता है। असफलता नवाचार के

सफर का एक अभिन्न हिस्सा है, जो न केवल सीखने का अवसर प्रदान करती है बल्कि सफलता की ओर ले जाने वाले रास्ते को भी स्पष्ट करती है।

1. नवाचार में असफलता का महत्व

(i) सीखने का जरिया:

असफलता एक शिक्षक की तरह काम करती है, जो हमें यह सिखाती है कि क्या काम नहीं कर रहा है और क्यों। नवाचार के लिए यह समझना आवश्यक है कि गलतियां कैसे सुधार की जा सकती हैं।

उदाहरण:

- **थॉमस एडिसन** ने बल्ब का आविष्कार करते समय कहा, "मैं असफल नहीं हुआ, मैंने सिर्फ 10,000 तरीके सीखे हैं जो काम नहीं करते।"

(ii) जोखिम के बिना नवाचार असंभव है:

नवाचार में असफलता का खतरा हमेशा रहता है, क्योंकि यह अनजान क्षेत्रों में कदम रखने का कार्य है। यदि कोई जोखिम नहीं उठाया जाएगा, तो कुछ नया हासिल करना मुश्किल है।

उदाहरण:

- स्पेसएक्स ने अपने शुरुआती लॉन्च में कई बार असफलताएं देखीं, लेकिन इन असफलताओं ने उन्हें अपने रॉकेट्स को बेहतर और अधिक विश्वसनीय बनाने में मदद की।

(iii) सुधार और सवारने का अवसर:

असफलता हमें हमारे विचारों और प्रक्रियाओं को सवारने का अवसर देती है। यह नवाचार के विकास चक्र (Innovation Cycle) का एक महत्वपूर्ण हिस्सा है।

2. असफलता क्यों होती है?

(i) अनिश्चितता का सामना:

नवाचार के क्षेत्र में हमेशा अनिश्चितता रहती है। नए विचार, तकनीक, या उत्पाद हमेशा अपेक्षित परिणाम नहीं दे सकते।

(ii) अपर्याप्त योजना:

कई बार, नवाचार में असफलता का कारण कमजोर योजना, अपर्याप्त संसाधन, या लक्ष्य को स्पष्ट रूप से न समझ पाना होता है।

उदाहरण:

- ब्लैकबेरी ने स्मार्टफोन के बढ़ते बाजार को सही ढंग से नहीं पहचाना, जिससे उनका बाजार में स्थान खो गया।

(iii) उपयोगकर्ता की प्रतिक्रिया:

कई बार, एक उत्पाद या सेवा तकनीकी रूप से सही होती है, लेकिन यह उपयोगकर्ताओं की आवश्यकताओं और प्राथमिकताओं को पूरा नहीं कर पाती।

उदाहरण:

- गूगल ग्लास तकनीकी रूप से उन्नत था, लेकिन गोपनीयता और उपयोगिता की चिंताओं के कारण विफल रहा।

(iv) बाहरी कारक:

कभी-कभी, बाजार की स्थिति, आर्थिक मंदी, या अन्य बाहरी कारण भी असफलता का कारण बन सकते हैं।

3. नवाचार और असफलता के बीच सकारात्मक संबंध

(i) असफलता प्रेरणा बन सकती है:

असफलता प्रेरणा का स्रोत हो सकती है। यह नए दृष्टिकोण अपनाने और रचनात्मक समाधान खोजने के लिए प्रेरित करती है।

उदाहरण:

- हेनरी फोर्ड ने कई बार असफल होने के बाद फोर्ड मोटर कंपनी को स्थापित किया, जिसने ऑटोमोबाइल उद्योग में क्रांति ला दी।

(ii) नवाचार की प्रक्रिया को तेज करना:

हर असफलता हमें बेहतर निर्णय लेने और नवाचार की प्रक्रिया में तेजी लाने में मदद करती है।

उदाहरण:

- सॉफ्टवेयर उद्योग में, "फेल फास्ट" (Fail Fast) दर्शन को अपनाया जाता है, जिसमें जल्दी असफल होने और सीखने पर जोर दिया जाता है।

4. असफलता से सीखने के तरीके

(i) असफलता का विश्लेषण करें:
हर असफलता का कारण समझना महत्वपूर्ण है। इससे पता चलता है कि क्या गलत हुआ और इसे कैसे सुधारा जा सकता है।

उदाहरण:

- एयरबीएनबी ने अपने शुरुआती असफलताओं से यह सीखा कि उपयोगकर्ताओं को एक सुरक्षित और भरोसेमंद अनुभव प्रदान करना उनके प्लेटफॉर्म की सफलता के लिए महत्वपूर्ण है।

(ii) प्रतिक्रिया प्राप्त करें:
उपभोक्ताओं, सहकर्मियों, और विशेषज्ञों से प्रतिक्रिया लेना और इसे सुधार के लिए उपयोग करना जरूरी है।

(iii) लचीलापन बनाए रखें:
असफलता के बावजूद लचीला रवैया बनाए रखना और नई चुनौतियों का सामना करने के लिए तैयार रहना नवाचार के लिए आवश्यक है।

(iv) एक नई दृष्टि विकसित करें:
असफलता से प्रेरित होकर अपने दृष्टिकोण को बदलें और समस्या को नए तरीके से हल करने का प्रयास करें।

5. नवाचार और असफलता का संतुलन कैसे बनाए रखें?

(i) असफलता को स्वीकार करें:
यह समझें कि असफलता नवाचार का स्वाभाविक हिस्सा है और इसे डरने के बजाय सीखने के अवसर के रूप में देखें।

(ii) छोटे प्रयोग करें:

बड़े निवेश करने से पहले छोटे-छोटे प्रयोगों के माध्यम से विचारों को परखें।

उदाहरण:

- न्यूनतम व्यवहार्य उत्पाद (MVP) विकसित करना और उपयोगकर्ताओं से प्रतिक्रिया प्राप्त करना।

(iii) जोखिम प्रबंधन करें:

असफलता के प्रभाव को कम करने के लिए संभावित जोखिमों की पहचान करें और उनके लिए योजना बनाएं।

(iv) टीम का समर्थन:

एक मजबूत और सकारात्मक टीम असफलताओं का सामना करने में मदद कर सकती है।

निष्कर्ष

नवाचार और असफलता का रिश्ता गहराई से जुड़ा हुआ है। असफलता न केवल नवाचार का हिस्सा है, बल्कि यह सीखने और बेहतर बनने का रास्ता भी है। असफलता को डरने के बजाय उसे एक अवसर के रूप में देखना चाहिए। नवाचार का असली सार यही है कि आप कितनी बार असफल होते हैं और उससे सीखकर कितनी तेजी से उठ खड़े होते हैं।

मुख्य बातें

- अपने विचार को मान्य करें:

- व्यापक बाजार अनुसंधान करें ताकि यह सुनिश्चित हो सके कि आपका विचार एक वास्तविक आवश्यकता को पूरा करता है।

- संभावित उपयोगकर्ताओं से फीडबैक प्राप्त करें और अपनी अवधारणा को परिष्कृत करें।

- अपने दर्शकों को समझें:

  - अपने लक्षित बाजार के जनसांख्यिकी, व्यवहार और प्राथमिकताओं को गहराई से समझें।

  - इस ज्ञान का उपयोग अपने उत्पाद और मार्केटिंग रणनीतियों को अनुकूलित करने के लिए करें।

- अद्वितीय विक्रय बिंदु (USP) पहचानें:

  - यह सुनिश्चित करें कि आपका समाधान प्रतिस्पर्धियों से अलग और आपके दर्शकों की प्राथमिकताओं के अनुरूप है।

अध्याय निष्कर्ष:

एक विचार की उत्पत्ति उद्यमशील यात्रा का एक महत्वपूर्ण चरण है। रचनात्मकता और प्रेरणा आवश्यक हैं, लेकिन सफलता की नींव रखने के लिए उन्हें कठोर मूल्यांकन और मान्यता के साथ जोड़ा जाना चाहिए।

अध्याय 2
ड्रीम टीम का निर्माण

"न हि कृतं सुकृतं दूषयितुं शक्यं सतां गणे।"

(हितोपदेश)

अर्थ:

सज्जनों का समूह अपने अच्छे कार्यों को दूषित होने नहीं देता।

टीम : हर स्टार्टअप का दिल

स्टार्टअप की सफलता उसकी टीम की ताकत पर निर्भर करती है। एक विचार नींव रखता है, लेकिन इसे वास्तविकता में बदलने का काम लोग ही करते हैं। ड्रीम टीम बनाने का मतलब सिर्फ कर्मचारियों को नियुक्त करना ही नहीं है, बल्कि एक ऐसा समूह बनाना है जो एक साझा दृष्टिकोण, पूरक कौशल, और सहयोगी भावना से जुड़ा हो।

1: मुख्य भूमिकाओं की पहचान करना

1. भूमिकाएँ और जिम्मेदारियाँ तय करना

स्टार्टअप के शुरुआती चरण में संसाधन सीमित होते हैं। इस स्थिति में टीम के प्रत्येक सदस्य को एक से अधिक जिम्मेदारियाँ निभानी पड़ती हैं।

- **मुख्य क्षेत्र:** पहले उन क्षेत्रों की पहचान करें जो स्टार्टअप के लिए महत्वपूर्ण हैं, जैसे:

  - **तकनीकी (Technology):** उत्पाद या सेवा के विकास और प्रौद्योगिकी प्रबंधन के लिए जिम्मेदार।

  - **संचालन (Operations):** संगठन के दैनिक कार्यों को सुनिश्चित करना।

  - **विपणन (Marketing):** उपभोक्ताओं तक उत्पाद या सेवा को पहुँचाने की रणनीति बनाना।

  - **वित्त (Finance):** बजट, निवेश, और वित्तीय संसाधनों का प्रबंधन करना।

- **स्पष्ट जिम्मेदारियाँ:** इन क्षेत्रों में स्पष्ट जिम्मेदारियाँ तय करें ताकि कार्यों में टकराव या भ्रम की स्थिति पैदा न हो।

2. विशेषज्ञ बनाम सामान्यज्ञ

सामान्यज्ञ (Generalists):

सामान्यज्ञ वे होते हैं जिनके पास विभिन्न क्षेत्रों का बुनियादी ज्ञान होता। है।

- **महत्व:**

  - स्टार्टअप के शुरुआती चरण में जब संसाधन सीमित होते हैं, तो सामान्यज्ञ का बहुमुखी होना फायदेमंद होता है।

- वे एक ही समय में तकनीकी, संचालन, और विपणन जैसे अलग-अलग क्षेत्रों में काम कर सकते हैं।

- समस्याओं को हल करने में लचीलापन दिखाते हैं।

उदाहरण:

- एक सामान्यज्ञ तकनीकी विकास के साथ-साथ सोशल मीडिया पर मार्केटिंग अभियान भी संभाल सकता है।

विशेषज्ञ (Specialists):

विशेषज्ञ वे होते हैं जिनकी किसी एक क्षेत्र में गहरी समझ और विशेषज्ञता होती है।

- **महत्व:**

  - जैसे-जैसे स्टार्टअप बढ़ता है, विशेषज्ञों की आवश्यकता बढ़ जाती है।

  - जटिल समस्याओं का समाधान और डोमेन-विशिष्ट चुनौतियों का सामना करने के लिए उनकी भूमिका अनिवार्य हो जाती है।

उदाहरण:

जब उत्पाद स्केलिंग या मार्केट विस्तार की जरूरत हो, तो एक डेटा एनालिस्ट या सॉफ्टवेयर आर्किटेक्ट जैसे विशेषज्ञ जरूरी हो जाते हैं।

सामान्यज्ञ और विशेषज्ञ का संतुलन:

स्टार्टअप के लिए यह तय करना जरूरी है कि किस समय, किस प्रकार के व्यक्ति की जरूरत है।

- शुरुआती चरण में सामान्यज्ञ उपयोगी होते हैं।
- विस्तार और स्केलिंग के समय विशेषज्ञों की जरूरत पड़ती है।

3. संस्थापक की भूमिका (The Founder's Role)

संस्थापक का योगदान सबसे महत्वपूर्ण होता है क्योंकि वह पूरी टीम का मार्गदर्शन करता है।

दृष्टि (Vision) प्रदान करना:

- संस्थापक को टीम के सामने स्पष्ट और प्रेरक दृष्टि पेश करनी चाहिए।
- उन्हें यह सुनिश्चित करना चाहिए कि टीम के सभी सदस्य उस दृष्टि को समझें और उस पर काम करें।

नेतृत्व और कार्यान्वयन का संतुलन:

- संस्थापक को केवल योजनाएँ बनाने तक सीमित नहीं रहना चाहिए।
- उसे टीम के साथ काम करना चाहिए और कठिन समय में उदाहरण पेश करना चाहिए।

समर्पण और अनुकूलनशीलता:

- संस्थापक का समर्पण और बदलती परिस्थितियों के अनुसार अनुकूलनशीलता टीम का आत्मविश्वास बढ़ाता है।

मूल्य और संस्कृति तय करना:

- संस्थापक टीम की कार्य संस्कृति और मूल्यों को परिभाषित करता है।

मुख्य बिंदु:

1. स्टार्टअप के शुरुआती चरण में सभी कार्यों और जिम्मेदारियों को स्पष्ट रूप से परिभाषित करना चाहिए।
2. सामान्यज्ञ और विशेषज्ञ दोनों की भूमिका अलग-अलग चरणों में महत्वपूर्ण होती है।
3. संस्थापक को नेतृत्व और कार्यान्वयन के बीच संतुलन बनाते हुए टीम को प्रेरित करना चाहिए।

सार:

"मुख्य भूमिकाओं की पहचान" स्टार्टअप की सफलता की नींव है। जब हर सदस्य को उसकी जिम्मेदारी स्पष्ट रूप से पता होती है और संस्थापक सही नेतृत्व करता है, तो स्टार्टअप एक ठोस और प्रभावी टीम के साथ अपने उद्देश्यों को प्राप्त कर सकता है।

2: सही लोगों को ढूँढना

स्टार्टअप की सफलता के लिए सही लोगों को ढूँढना बेहद महत्वपूर्ण है। केवल कौशल (skills) और अनुभव के आधार पर भर्ती करना काफी

नहीं है; यह भी जरूरी है कि व्यक्ति आपकी कंपनी की संस्कृति, दृष्टि, और लक्ष्यों से मेल खाता हो। सही टीम बनाना स्टार्टअप को उसके शुरुआती चरण से सफलता की ओर ले जा सकता है।

1. प्रतिभा स्रोत (Talent Sourcing):

(a) नेटवर्किंग कार्यक्रम (Networking Events):

- क्या हैं नेटवर्किंग कार्यक्रम?

    ऐसे सम्मेलन, मीटअप्स, और स्टार्टअप इन्क्यूबेटर्स जहाँ उद्योग के पेशेवर और संभावित उम्मीदवार मिलते हैं।

- **फायदे:**

    - आप संभावित टीम सदस्यों से व्यक्तिगत रूप से बातचीत कर सकते हैं।
    - उनकी विशेषज्ञता और दृष्टिकोण को समझ सकते हैं।

उदाहरण:

किसी प्रौद्योगिकी सम्मेलन में एक प्रतिभाशाली सॉफ्टवेयर डेवलपर को ढूँढना।

(b) ऑनलाइन प्लेटफ़ॉर्म:

- **LinkedIn:** पेशेवर नेटवर्किंग के लिए एक बेहतरीन मंच। आप उम्मीदवारों की प्रोफाइल देख सकते हैं और उनकी पृष्ठभूमि को समझ सकते हैं।

स्टार्टअप की यात्रा: चुनौतियाँ और सफलताएं

- **AngelList:** स्टार्टअप-विशेष प्लेटफॉर्म जहाँ स्टार्टअप और संभावित कर्मचारियों के बीच मेल बैठाया जाता है।

- **स्टार्टअप जॉब बोर्ड:** ऐसे प्लेटफॉर्म जहाँ आप वैश्विक प्रतिभाओं तक पहुँच सकते हैं।

- **फायदे:**
  - बड़े पैमाने पर प्रतिभाओं को देख सकते हैं।
  - विविधता और अनुभव के आधार पर चयन कर सकते हैं।

(c) विश्वविद्यालय साझेदारी (University Partnerships):

- कैसे काम करता है?

  स्थानीय या राष्ट्रीय विश्वविद्यालयों से साझेदारी करें और छात्रों को इंटर्नशिप या शुरुआती करियर के अवसर प्रदान करें।

- **फायदे:**
  - युवा और उत्साही प्रतिभा तक पहुँचना।
  - कम लागत पर नई सोच और रचनात्मकता को स्टार्टअप में लाना।

- **उदाहरण:**

  इंजीनियरिंग कॉलेज से डाटा साइंस में विशेषज्ञता रखने वाले छात्रों की भर्ती।

2. उम्मीदवार का मूल्यांकन (Evaluating Fit):

(a) सिर्फ रिज़्यूमे पर निर्भर न रहें:

रिज़्यूमे व्यक्ति के बारे में सीमित जानकारी देता है।

- **क्या देखें?**
  - उनकी समस्या सुलझाने की क्षमता।
  - टीम में काम करने की उनकी क्षमता।
  - उनके दृष्टिकोण और जुनून का स्तर।
- **कैसे जाँचें?**

  साक्षात्कार के दौरान वास्तविक-जीवन की समस्याएँ प्रस्तुत करें और देखें कि वे कैसे समाधान निकालते हैं।

(b) संस्कृति से मेल खाना:

- स्टार्टअप की संस्कृति के साथ व्यक्ति का मेल खाना उतना ही जरूरी है जितना कि उसकी तकनीकी क्षमता।

उदाहरण:

यदि आपकी टीम खुलकर विचार-विमर्श करती है, तो आपको ऐसे व्यक्ति की आवश्यकता है जो टीम के साथ विचार साझा कर सके।

(c) समस्या सुलझाने की क्षमता:

- नवाचार और अनिश्चितता का सामना करने की क्षमता रखें।

- ऐसे लोगों को प्राथमिकता दें जो चुनौतियों का समाधान खोजने में कुशल हों।

3. सह-संस्थापक चुनने की दुविधा (The Co-Founder Dilemma):

सह-संस्थापक का महत्व:

सह-संस्थापक किसी भी स्टार्टअप के लिए सबसे महत्वपूर्ण साथी होता है। वह केवल व्यवसाय को आगे बढ़ाने में मदद नहीं करता, बल्कि कठिन समय में भी साथ देता है।

कैसे चुनें सही सह-संस्थापक:

1. **पूरक कौशल (Complementary Skills):**

   ऐसा व्यक्ति चुनें जो आपकी क्षमताओं को पूरक बनाए।

   - यदि आप तकनीकी विशेषज्ञ हैं, तो सह-संस्थापक व्यवसाय विकास में कुशल हो सकता है।

2. **साझा दृष्टि (Shared Vision):**

   यह सुनिश्चित करें कि सह-संस्थापक आपके दीर्घकालिक उद्देश्यों और दृष्टि से सहमत हो।

3. **स्पष्ट बातचीत (Clear Discussion):**

   - भूमिकाओं और जिम्मेदारियों पर चर्चा करें।
   - इक्विटी और वित्तीय हिस्सेदारी को पहले ही तय कर लें।

4. आपसी विश्वास और सम्मान:

- सह-संस्थापक के साथ मजबूत विश्वास और परस्पर सम्मान का संबंध होना चाहिए।

सार:

"सही लोगों को ढूँढना" स्टार्टअप के विकास और सफलता की दिशा में पहला और सबसे महत्वपूर्ण कदम है। जब आप एक सही टीम बनाते हैं, तो आपकी स्टार्टअप की नींव मजबूत होती है और आपका व्यवसाय अनिश्चितताओं के बावजूद उन्नति करता है।

3: सहयोगी संस्कृति बनाना (Building A Collaborative Culture)

सहयोगी संस्कृति (Collaborative Culture) किसी भी स्टार्टअप की सफलता की रीढ़ होती है। यह संस्कृति सुनिश्चित करती है कि टीम के सदस्य एक-दूसरे के साथ समन्वय में काम करें, रचनात्मक समाधान तलाशें, और व्यक्तिगत उद्देश्यों को संगठन के लक्ष्यों के साथ जोड़ें। सहयोगी वातावरण में काम करने से टीम के सदस्य अधिक प्रेरित और उत्पादक महसूस करते हैं, जिससे स्टार्टअप को तेजी से बढ़ने में मदद मिलती है।

1. मूल्य और सिद्धांत परिभाषित करना (Defining Values):

सहयोगी संस्कृति की नींव संगठन के मूल्यों और सिद्धांतों पर आधारित होती है।

मुख्य बिंदु:

- स्पष्ट मूल्यों की पहचान:

  - यह तय करें कि आपकी टीम किन मूलभूत सिद्धांतों को महत्व देती है, जैसे पारदर्शिता, नवाचार, या ग्राहक-केंद्रितता।

  - उदाहरण: यदि आपकी प्राथमिकता नवाचार है, तो टीम को नए विचारों के साथ आने और उन्हें लागू करने के लिए प्रोत्साहित करें।

- मूल्यों को व्यवहार में लाना:

  - केवल शब्दों में नहीं, बल्कि कार्यों में भी इन मूल्यों को अपनाएं।

  - उदाहरण: यदि पारदर्शिता आपकी प्राथमिकता है, तो निर्णय प्रक्रिया को सभी के साथ साझा करें।

- **फायदा:**

  - मूल्य संगठन की पहचान को परिभाषित करते हैं।

  - यह टीम के सदस्यों को एक समान दिशा में काम करने में मदद करता है।

2. विश्वास का निर्माण (Fostering Trust):

सहयोगी संस्कृति का सबसे महत्वपूर्ण पहलू टीम के सदस्यों के बीच विश्वास का निर्माण करना है।

कैसे करें विश्वास का निर्माण?

1. **पारदर्शिता:**
   - टीम के साथ सभी महत्वपूर्ण जानकारी साझा करें।
   - खुलकर संवाद करें, चाहे वह निर्णय हो, फीडबैक हो, या चुनौतियाँ हों।
   - उदाहरण: टीम को बताएं कि कंपनी की वित्तीय स्थिति क्या है और आगे की योजना क्या है।

2. **नियमित संवाद:**
   - नियमित मीटिंग्स और चर्चा सत्र रखें।
   - टीम के सदस्यों को अपने विचार और चिंताएँ साझा करने का मौका दें।

3. **आपसी सम्मान:**
   - प्रत्येक सदस्य की राय और प्रयासों का सम्मान करें।
   - किसी की आलोचना करने से पहले उसका दृष्टिकोण समझें।

- **फायदा:**
   - टीम के सदस्य स्वतंत्र रूप से विचार साझा करने में सहज महसूस करते हैं।
   - यह विश्वास टीम के भीतर सकारात्मक ऊर्जा और सहयोग को बढ़ाता है।

3. संघर्ष समाधान के लिए तंत्र बनाना (Conflict Resolution Mechanism):

स्टार्टअप के तेज़ी से बदलते माहौल में मतभेद होना सामान्य है। परंतु यदि इन मतभेदों को सही ढंग से हल नहीं किया गया, तो यह टीम की एकता और उत्पादकता को नुकसान पहुँचा सकता है।

संघर्ष समाधान के उपाय:

1. **खुले संवाद को बढ़ावा दें:**

    - टीम के सदस्य एक-दूसरे से सीधे और ईमानदारी से बात करें।
    - उदाहरण: यदि किसी प्रोजेक्ट की समय सीमा पर असहमति है, तो संबंधित सदस्य बैठकर एक-दूसरे की स्थिति समझें।

2. **मध्यस्थता:**

    - किसी निष्पक्ष व्यक्ति को मध्यस्थ के रूप में शामिल करें।
    - यह व्यक्ति किसी निष्कर्ष पर पहुँचने में मदद कर सकता है।

3. **समस्या पर, व्यक्ति पर नहीं:**

    - समस्या पर ध्यान केंद्रित करें, न कि व्यक्ति की कमजोरियों पर।
    - उदाहरण: यदि कोई डेडलाइन पूरी नहीं होती, तो इसका कारण समझें, बजाय इसके कि उस व्यक्ति की आलोचना करें।

    - **फायदा:**
        - मतभेद रचनात्मक रूप से हल होते हैं।

- टीम के सदस्य एक-दूसरे पर भरोसा करना सीखते हैं।

4. खुले और सकारात्मक कार्य वातावरण का निर्माण (Creating an Open and Positive Work Environment):

सकारात्मकता को बढ़ावा दें:

1. **टीम के प्रयासों को पहचानें:**

   - जब कोई सदस्य अच्छा काम करता है, तो उसे प्रोत्साहित करें।
   - उदाहरण: किसी की सराहना के लिए सार्वजनिक रूप से उसकी तारीफ करें।

2. **मजेदार गतिविधियाँ और ब्रेक:**

   - कार्य के बीच में छोटे-छोटे ब्रेक और मजेदार गतिविधियाँ टीम के मनोबल को बढ़ाती हैं।
   - उदाहरण: हर हफ्ते एक टीम लंच या एक अनौपचारिक गेम सेशन आयोजित करें।

- **फायदा:**

  - कार्य का माहौल अधिक संतुलित और प्रेरणादायक बनता है।
  - टीम के सदस्य काम में अधिक आनंद महसूस करते हैं।

5. सहयोग को प्रोत्साहित करना (Encouraging Collaboration):

टीमवर्क को प्राथमिकता दें:

1. **साझा लक्ष्यों का निर्माण:**

   - पूरी टीम को साझा लक्ष्यों की दिशा में काम करने के लिए प्रेरित करें।
   - उदाहरण: यदि आपका लक्ष्य एक महीने में 1,000 ग्राहक पाना है, तो सभी विभाग इसे हासिल करने में योगदान दें।

2. **ज्ञान साझा करना:**

   - टीम के सदस्य अपने अनुभव और ज्ञान एक-दूसरे के साथ साझा करें।
   - उदाहरण: मार्केटिंग टीम अपने अनुभवों को तकनीकी टीम के साथ साझा कर सकती है।

- **फायदा:**
  - टीम के सदस्य एक-दूसरे से सीखते हैं।
  - उत्पादकता और नवाचार में सुधार होता है।

सार:

सहयोगी संस्कृति बनाना स्टार्टअप की दीर्घकालिक सफलता के लिए आवश्यक है। जब टीम के सदस्य एक-दूसरे के साथ समन्वय में काम करते

हैं, विश्वास करते हैं, और साझा लक्ष्यों की ओर बढ़ते हैं, तो स्टार्टअप अधिक रचनात्मक, उत्पादक, और स्थिर बनता है।

4: प्रतिस्पर्धी माहौल में प्रतिभा को बनाए रखना (Retaining Talent in a Competitive Landscape)

आज के प्रतिस्पर्धी माहौल में, सबसे बड़ी चुनौती केवल प्रतिभावान लोगों को आकर्षित करना नहीं है, बल्कि उन्हें लंबे समय तक अपनी कंपनी में बनाए रखना है। स्टार्टअप्स के पास अक्सर बड़े निगमों की तरह संसाधन और सुविधाएँ नहीं होतीं, लेकिन वे सही रणनीतियों और दृष्टिकोण से अपने कर्मचारियों को प्रेरित, संतुष्ट और जोड़े रख सकते हैं।

1. वेतन से परे प्रोत्साहन (Incentives Beyond Salary):

(a) इक्विटी या स्वामित्व (Equity or Ownership):

- **क्या है इक्विटी?**
    - कर्मचारियों को कंपनी में स्वामित्व का हिस्सा देना।
    - यह उन्हें केवल कर्मचारी के बजाय "मालिक" जैसा महसूस कराता है।

- **कैसे मदद करता है?**
    - कर्मचारी कंपनी की दीर्घकालिक सफलता में निवेशित महसूस करते हैं।
    - वे अपनी भूमिका को और अधिक जिम्मेदारी से निभाते हैं।

स्टार्टअप की यात्रा: चुनौतियाँ और सफलताएं

उदाहरण:

Google और Facebook ने शुरुआती दिनों में अपने कर्मचारियों को इक्विटी देकर उन्हें जोड़े रखा।

(b) व्यक्तिगत विकास के अवसर (Personal Growth Opportunities):

- **क्यों जरूरी है?**
  - आज के पेशेवर अपनी स्किल्स को बेहतर बनाने और व्यक्तिगत विकास को प्राथमिकता देते हैं।

- **कैसे लागू करें?**
  - प्रशिक्षण सत्र, कार्यशालाएँ और ऑनलाइन पाठ्यक्रम की पेशकश करें।
  - कर्मचारियों को नई तकनीकों और रुझानों से अवगत कराएं।

उदाहरण:

एक सॉफ्टवेयर कंपनी अपने डेवलपर्स को नवीनतम प्रोग्रामिंग भाषाएँ सिखाने के लिए नियमित कोर्स करवा सकती है।

(c) जिम्मेदारी और स्वायत्तता (Responsibility and Autonomy):

- कर्मचारियों को निर्णय लेने की शक्ति दें।
- उन्हें अपने काम के लिए स्वतंत्रता और जिम्मेदारी दें।

- यह न केवल उनकी संतुष्टि बढ़ाता है, बल्कि उन्हें कंपनी के प्रति वफादार भी बनाता है।

2. नेतृत्व की भूमिका (Leadership's Role):

(a) स्पष्ट दृष्टि और प्रेरणा (Clear Vision and Inspiration):

- **क्यों महत्वपूर्ण है?**
  - कर्मचारी तभी जुड़े रहते हैं जब वे कंपनी के उद्देश्यों को समझते हैं और उनमें विश्वास करते हैं।

- **कैसे मदद करें?**
  - नियमित रूप से कंपनी की प्रगति और लक्ष्यों के बारे में जानकारी दें।

उदाहरण:

- हर महीने एक टीम मीटिंग में भविष्य की योजनाओं और उपलब्धियों पर चर्चा करें।

(b) मान्यता और प्रशंसा (Recognition and Appreciation):

- कर्मचारियों के काम को समय-समय पर पहचानें।
- छोटी-छोटी उपलब्धियों को भी सराहें।

उदाहरण:

- एक कर्मचारी जिसने समय से पहले कोई प्रोजेक्ट पूरा किया, उसे सार्वजनिक रूप से सराहना दें।

(c) सहायक नेतृत्व (Supportive Leadership):

- **क्या है सहायक नेतृत्व?**
    - जब नेता अपने कर्मचारियों की समस्याओं को समझते हैं और समाधान पेश करते हैं।

- **कैसे करें?**
    - कर्मचारियों से नियमित फीडबैक लें।
    - उनकी जरूरतों को प्राथमिकता दें।
    - उदाहरण: अगर कोई कर्मचारी वर्कलोड के कारण तनाव में है, तो उसे समय पर मदद और संसाधन उपलब्ध कराएं।

3. बर्नआउट रोकथाम (Burnout Prevention):

(a) कार्य और जीवन में संतुलन (Work-Life Balance):

- **क्यों जरूरी है?**
    - अत्यधिक काम का बोझ कर्मचारियों को थका देता है, जिससे उनकी उत्पादकता और स्वास्थ्य पर असर पड़ता है।

- **कैसे लागू करें?**
    - काम के घंटे तय करें और अधिक काम को हतोत्साहित करें।
    - समय-समय पर छुट्टी लेने को प्रोत्साहित करें।

उदाहरण:

- एक स्टार्टअप अपने कर्मचारियों को हर तीन महीने में एक हफ्ते की छुट्टी देने की नीति बना सकता है।

(b) लचीलापन (Flexibility):

- **कैसे मदद करता है?**

  - कर्मचारियों को अपनी सुविधा के अनुसार काम करने की अनुमति दें।
  - रिमोट वर्क या फ्लेक्सिबल वर्किंग आवर्स की पेशकश करें।

उदाहरण:

- कोविड-19 के दौरान कंपनियों ने घर से काम करने की सुविधा देकर कर्मचारियों को जोड़े रखा।

4. कंपनी संस्कृति का महत्व (Importance of Company Culture):

(a) सकारात्मक कार्य वातावरण (Positive Work Environment):

- एक ऐसा माहौल बनाएँ जहाँ कर्मचारी सहज और प्रेरित महसूस करें।

- **कैसे करें?**

  - टीम के सदस्यों के बीच मित्रता और सहयोग को बढ़ावा दें।

- ओपन डोर पॉलिसी अपनाएँ जहाँ कर्मचारी स्वतंत्र रूप से अपने विचार साझा कर सकें।

(b) टीम निर्माण गतिविधियाँ (Team Building Activities):

- समय-समय पर अनौपचारिक गतिविधियाँ आयोजित करें।

उदाहरण:

- आउटडोर टीम आउटिंग।
- ऑफिस में "फन फ्राइडे" या गेम नाइट।

5. दीर्घकालिक संबंध बनाने के उपाय (Building Long-Term Relationships):

(a) व्यक्तिगत संबंध (Personal Connection):

- कर्मचारियों की व्यक्तिगत जरूरतों और रुचियों को समझें।
- **कैसे करें?**
  - उनके जन्मदिन, वर्षगाँठ या अन्य व्यक्तिगत अवसरों पर सरप्राइज दें।
  - यह उन्हें विशेष और मूल्यवान महसूस कराता है।

(b) करियर विकास की योजना (Career Growth Planning):

- कर्मचारियों के दीर्घकालिक करियर विकास पर ध्यान दें।

- **कैसे लागू करें?**
    - उन्हें नई भूमिकाओं और चुनौतियों में अवसर दें।

उदाहरण:

- एक जूनियर डेवलपर को टीम लीडर के रूप में प्रशिक्षित करना।

सार:

प्रतिस्पर्धी माहौल में, प्रतिभा को बनाए रखना स्टार्टअप के लिए चुनौतीपूर्ण हो सकता है। लेकिन सही प्रोत्साहन, नेतृत्व, कार्य संतुलन, और सकारात्मक संस्कृति के माध्यम से, आप एक ऐसी टीम बना सकते हैं जो आपके साथ लंबे समय तक बनी रहे और आपके व्यवसाय को नई ऊँचाइयों तक ले जाए।

5: टीम का विस्तार करना (Scaling the Team)

जैसे-जैसे एक स्टार्टअप विकसित होता है, टीम का विस्तार करना एक अनिवार्य प्रक्रिया बन जाती है। शुरुआती चरणों में, एक छोटी टीम में उत्साह और सहयोग उच्च होता है। लेकिन जैसे-जैसे व्यवसाय बढ़ता है, नई चुनौतियाँ और जिम्मेदारियाँ उत्पन्न होती हैं, जो टीग विस्तार की आवश्यकता को दर्शाती हैं। सही तरीके से टीम का विस्तार करना न केवल व्यवसाय की वृद्धि में मदद करता है, बल्कि इसकी मूलभूत संस्कृति और लक्ष्यों को भी बनाए रखता है।

स्टार्टअप की यात्रा: चुनौतियाँ और सफलताएं

1. स्टार्टअप से स्केल-अप की यात्रा (From Startup to Scale-Up):

(a) बदलाव की आवश्यकता को पहचानना:

- **क्यों जरूरी है?**
  - जैसे-जैसे स्टार्टअप नए प्रोजेक्ट्स, ग्राहकों और बाजारों में प्रवेश करता है, मौजूदा टीम के लिए सभी जिम्मेदारियों को संभालना कठिन हो सकता है।

- **कैसे करें?**
  - नई भूमिकाओं और जिम्मेदारियों का विश्लेषण करें।
  - टीम के विस्तार के लिए प्राथमिकता तय करें।
  - सुनिश्चित करें कि सभी नए कर्मचारियों की भूमिकाएँ स्पष्ट और संगठन की आवश्यकताओं के अनुरूप हों।

(b) रणनीतिक योजना बनाना:

- टीम विस्तार की प्रक्रिया को अनीयमित न रखें।

- **कैसे लागू करें?**
  - पहले यह तय करें कि कौन से विभाग सबसे अधिक सहायता की आवश्यकता है (जैसे कि टेक्नोलॉजी, मार्केटिंग, या ग्राहक सेवा)।

- सुनिश्चित करें कि नए सदस्यों को पुरानी टीम के साथ समायोजित करने के लिए एक उचित योजना हो।

2. संरचना बनाना लेकिन नवाचार बनाए रखना (Introducing Structure Without Stifling Innovation):

(a) उचित प्रक्रियाएँ लागू करना:

- एक बड़ी टीम के लिए प्रक्रियाओं और सिस्टम का होना आवश्यक है।

- **कैसे करें?**

  - काम को प्रबंधित करने के लिए प्रोजेक्ट मैनेजमेंट टूल्स (जैसे Asana, Trello) का उपयोग करें।
  - टीम मीटिंग्स और रिपोर्टिंग सिस्टम को नियमित बनाएं।

(b) नवाचार का पोषण करना:

- जैसे-जैसे टीम बढ़ती है, यह सुनिश्चित करें कि रचनात्मकता और सहयोग बाधित न हो।

- **कैसे मदद करें?**

  - टीम के सदस्यों को अपनी राय साझा करने और नए विचार पेश करने के लिए प्रोत्साहित करें।
  - Open Door पॉलिसी लागू करें, जहाँ कर्मचारी अपने विचार और समस्याएँ साझा कर सकें।

3. कंपनी संस्कृति को बनाए रखना (Maintaining Culture During Expansion):

(a) मूलभूत मूल्यों को बनाए रखना:

- टीम के विस्तार के दौरान यह सुनिश्चित करना महत्वपूर्ण है कि आपकी कंपनी की संस्कृति और मूलभूत मूल्य कायम रहें।
- **कैसे करें?**
  - हर नए कर्मचारी को कंपनी की संस्कृति, मिशन, और दृष्टि के बारे में प्रशिक्षित करें।
  - नियमित रूप से मूलभूत मूल्यों पर चर्चा करें।

(b) संचार को प्राथमिकता देना:

- जैसे-जैसे टीम बढ़ती है, संचार अधिक चुनौतीपूर्ण हो सकता है।
- **कैसे लागू करें?**
  - बड़े और छोटे दोनों स्तरों पर प्रभावी संचार सुनिश्चित करें।
  - टीम मीटिंग्स, ईमेल अपडेट्स, और आंतरिक चैट टूल्स का उपयोग करें।

4. विस्तार के दौरान आने वाली समस्याएँ (Growing Pains):

(a) संचार अंतराल (Communication Gaps):

- नई टीम के सदस्यों के साथ पुरानी टीम के बीच तालमेल बिठाना चुनौतीपूर्ण हो सकता है।

- **कैसे सुधारें?**
  - टीम-बिल्डिंग गतिविधियों का आयोजन करें।
  - पारदर्शिता और संवाद को प्राथमिकता दें।

(b) भूमिका दोहराव (Role Redundancies):

- कभी-कभी टीम के विस्तार के दौरान एक ही काम के लिए कई लोग जिम्मेदार हो सकते हैं।

- **कैसे रोकें?**
  - प्रत्येक कर्मचारी की भूमिकाओं और जिम्मेदारियों को स्पष्ट करें।
  - नियमित समीक्षा करें और यह सुनिश्चित करें कि काम कुशलता से हो रहा है।

(c) तनाव और दबाव (Stress and Pressure):

- तेजी से बढ़ती टीम में पुरानी टीम के सदस्यों पर अधिक दबाव पड़ सकता है।

- **कैसे रोकें?**
  - सभी कर्मचारियों को उचित संसाधन और समर्थन प्रदान करें।
  - समय-समय पर वर्कलोड का आकलन करें।

5. सही प्रतिभा को जोड़ना (Adding the Right Talent):

(a) दीर्घकालिक दृष्टिकोण:

- नए कर्मचारियों को जोड़ते समय केवल वर्तमान जरूरतों को न देखें; भविष्य की आवश्यकताओं को ध्यान में रखें।

- **कैसे करें?**

- ऐसे उम्मीदवारों को चुनें जो विकासशील भूमिकाओं में बदलाव को आसानी से अपना सकें।

(b) विविधता और समावेशन (Diversity and Inclusion):

- एक विविध टीम विभिन्न दृष्टिकोण और रचनात्मक समाधान प्रदान करती है।

- कैसे लागू करें?

- विभिन्न पृष्ठभूमि, अनुभव, और कौशल के लोगों को शामिल करें।

सार:

टीम का विस्तार केवल नई नियुक्तियों का मामला नहीं है; यह एक सुविचारित प्रक्रिया है जो कंपनी की संस्कृति, मूल्यों, और दीर्घकालिक लक्ष्यों को बनाए रखते हुए होती है। सही लोगों को जोड़ने, प्रक्रियाओं को व्यवस्थित करने, और संस्कृति को जीवित रखने से स्टार्टअप को सफलतापूर्वक स्केल-अप किया जा सकता है।

6. वास्तविक दुनिया के उदाहरणों से सीखना (Learning from Real-World Examples)

स्टार्टअप की सफलता का मार्ग हमेशा सीधा नहीं होता। वास्तविक दुनिया के सफल स्टार्टअप्स की कहानियाँ यह दिखाती हैं कि सही टीम, स्पष्ट दृष्टि, और दृढ़ संकल्प से बड़ी से बड़ी चुनौतियों को पार किया जा सकता है। इन उदाहरणों से न केवल प्रेरणा मिलती है, बल्कि यह भी समझने का मौका मिलता है कि बड़े ब्रांड्स ने शुरुआती संघर्षों को कैसे पार किया और अपने व्यवसाय को सफल बनाया।

1. Google: "स्मार्ट क्रिएटिव्स" की रणनीति

(a) Hiring Philosophy:

- Google ने शुरुआती दिनों में उन लोगों को चुना जो न केवल अपनी विशेषज्ञता में सक्षम थे, बल्कि जिनमें नवाचार और समस्याओं को रचनात्मक तरीके से हल करने की क्षमता थी।

- उनके चयन का प्राथमिक मापदंड यह था कि उम्मीदवार का दृष्टिकोण पारंपरिक सोच से अलग और रचनात्मक हो।

(b) नवाचार का पोषण:

- Google ने अपनी टीम के सदस्यों को 20% समय उन परियोजनाओं पर काम करने के लिए दिया जिसमें उनकी व्यक्तिगत रुचि थी।

- यह नीति "Gmail" जैसे बड़ नवाचार का कारण बनी।

(c) सीखने का सबक:

- अपनी टीम में "स्मार्ट क्रिएटिव्स" जोड़ें जो बॉक्स से बाहर सोच सकें।
- टीम के सदस्यों को प्रयोग करने और जोखिम उठाने की स्वतंत्रता दें।

2. Tesla: विशेषज्ञता और दीर्घकालिक दृष्टि पर जोर

(a) सही विशेषज्ञों को जोड़ना:

- Elon Musk ने Tesla की टीम का विस्तार करते समय विश्व स्तरीय इंजीनियरों और वैज्ञानिकों को जोड़ा।
- उन्होंने उन लोगों पर ध्यान केंद्रित किया जो इलेक्ट्रिक वाहन और बैटरी तकनीक के क्षेत्र में अग्रणी थे।

(b) एकीकृत दृष्टि:

- Tesla की टीम को Elon Musk के दीर्घकालिक लक्ष्य के साथ जोड़ा गया: "सस्टेनेबल एनर्जी" को मुख्यधारा बनाना।
- यह साझा दृष्टि टीम को प्रेरित करती रही, खासकर कठिन समय में।

(c) सीखने का सबक:

- उन लोगों को नियुक्त करें जिनके कौशल भविष्य की जरूरतों के साथ मेल खाते हों।
- टीम को एक स्पष्ट और प्रेरणादायक लक्ष्य के साथ संरेखित करें।

3. Zoom: उपयोगकर्ता अनुभव पर केंद्रित दृष्टि

(a) सीमाओं की पहचान करना:

- Eric Yuan ने देखा कि मौजूदा वीडियो कॉन्फ्रेंसिंग टूल उपयोगकर्ताओं की जरूरतों को पूरा करने में विफल हो रहे थे।
- उन्होंने Zoom की स्थापना की, जो सरल, स्केलेबल, और उपयोगकर्ता के लिए सुलभ था।

(b) विस्तार के दौरान गुणवत्ता पर ध्यान:

- जब COVID-19 महामारी के दौरान Zoom की मांग तेजी से बढ़ी, कंपनी ने अपनी सेवा की गुणवत्ता बनाए रखी।
- टीम का विस्तार करते समय उन्होंने उपयोगकर्ता अनुभव को प्राथमिकता दी।

(c) सीखने का सबक:

- विस्तार के दौरान अपने मूल प्रस्ताव पर ध्यान केंद्रित रखें।
- उन लोगों को शामिल करें जो गुणवत्ता और सेवा को बनाए रखने में मदद करें।

सारांश:

वास्तविक दुनिया के उदाहरण स्टार्टअप के विकास के लिए महत्वपूर्ण सबक प्रदान करते हैं। सही टीम, स्पष्ट दृष्टि, और उपयोगकर्ता-केंद्रित दृष्टिकोण को अपनाने से, आप न केवल चुनौतियों का सामना कर सकते हैं, बल्कि अपने व्यवसाय को सफलता की ऊंचाइयों तक ले जा सकते हैं।

निष्कर्ष: लोग हैं सबसे बड़ी संपत्ति

हर सफल स्टार्टअप के पीछे उसकी टीम की सामूहिक प्रतिभा, समर्पण, और दृढ़ता का योगदान होता है। एक उत्कृष्ट विचार का मूल्य तभी साकार होता है जब सही लोग उसे हकीकत में बदलने का प्रयास करें। स्टार्टअप के शुरुआती चरण में, संस्थापक और टीम के सदस्यों का जोश, उनकी रचनात्मकता, और समस्या-समाधान की क्षमता, सफलता और विफलता के बीच का अंतर तय करती है। यह समझना आवश्यक है कि टीम सिर्फ कर्मचारियों का समूह नहीं होती, बल्कि वह एक ऐसे मिशन का प्रतिनिधित्व करती है जो सामान्य से असामान्य को प्राप्त करने की आकांक्षा रखता है।

एक प्रभावशाली टीम का निर्माण केवल तकनीकी कौशल और पेशेवर अनुभव पर निर्भर नहीं करता, बल्कि यह साझा मूल्यों, पारदर्शिता, और सहयोग की संस्कृति पर आधारित होता है। टीम में विविधता लाना और ऐसे सदस्यों को जोड़ना जो एक-दूसरे के कौशल को पूरक करें, स्टार्टअप को हर चुनौती का सामना करने के लिए मजबूत बनाता है। इसके साथ ही, सही संस्कृति स्थापित करना और टीम के हर सदस्य को समान रूप से महत्व देना संगठन की दीर्घकालिक सफलता के लिए अनिवार्य है।

अंततः, स्टार्टअप की सफलता विचारों से नहीं, बल्कि उन लोगों से आती है जो उन्हें कार्यान्वित करते हैं। सही टीम बनाना एक यात्रा है, जो समर्पण, धैर्य, और स्पष्ट दृष्टि की मांग करती है। यदि आप अपनी टीम को सबसे बड़ी संपत्ति के रूप में मानते हैं, तो आपके स्टार्टअप की सफलता के दरवाजे हमेशा खुले रहेंगे।

आनंद आर. यादव

अध्याय 3
वित्तीय चुनौतियों का सामना करना

संस्कृत श्लोक:

"अपि वित्तं तदन्येषां, यद्व्ययेन सुखं लभेत्।
तद्वित्तं नैव वित्तं स्यात्, व्ययस्यैव हि कारणम्।"
(संदर्भ: नीतिशतकम्, भर्तृहरि)

अर्थ:

धन उसी का है जो उसका सही उपयोग करके सुख प्राप्त कर सके। अन्यथा, केवल संग्रहित धन का कोई वास्तविक महत्व नहीं होता, क्योंकि उसका उद्देश्य उपयोग ही है।

हिंदी उद्धरण:

"धन का सही उपयोग न हो तो वह बोझ बन जाता है। विवेकपूर्ण व्यय ही सच्ची संपत्ति है।"
(संदर्भ: प्राचीन हिंदी लोकनीति)

स्टार्टअप की यात्रा: चुनौतियाँ और सफलताएं

हर स्टार्टअप को अपनी यात्रा के दौरान वित्तीय चुनौतियों का सामना करना पड़ता है। यह एक ऐसा क्षेत्र है जो अक्सर नवोदित उद्यमियों को जटिल और डरावना लगता है। लेकिन वित्तीय प्रबंधन की समझ और सही रणनीतियों के माध्यम से इन चुनौतियों को अवसरों में बदला जा सकता है। इस अध्याय में, हम समझेंगे कि स्टार्टअप के लिए वित्तीय चुनौतियाँ क्या होती हैं, उनके कारण, और कैसे उनका प्रभावी समाधान किया जा सकता है।

1. प्रारंभिक पूंजी की व्यवस्था (Raising Initial Capital)

स्टार्टअप की यात्रा की शुरुआत अक्सर पूंजी की व्यवस्था से होती है। यह वह धनराशि है जो उत्पाद विकसित करने, टीम बनाने, और अन्य आवश्यक कार्यों को पूरा करने के लिए आवश्यक होती है। प्रारंभिक पूंजी जुटाना किसी भी उद्यमी के लिए एक चुनौतीपूर्ण लेकिन महत्वपूर्ण कदम है। यह खंड इस प्रक्रिया को विस्तार से समझाता है।

(a) पूंजी की आवश्यकता को समझना

प्रारंभिक पूंजी की जरूरतें स्टार्टअप के प्रकार, उद्योग, और लक्ष्यों पर निर्भर करती हैं। सही पूंजी का निर्धारण करने के लिए इन बातों पर ध्यान दें:

- **प्रोडक्ट डेवलपमेंट:** उत्पाद या सेवा को विकसित करने और उसे लॉन्च करने में आने वाली लागत।

- **मार्केटिंग और ब्रांडिंग:** शुरुआती ग्राहकों को आकर्षित करने और बाजार में उपस्थिति दर्ज कराने के लिए धनराशि।

- **ऑपरेशनल खर्च:** कर्मचारियों के वेतन, ऑफिस स्पेस, और अन्य सामान्य खर्च।

- **आपातकालीन निधि:** अनिश्चितताओं और अप्रत्याशित खर्चों से निपटने के लिए एक सुरक्षित पूंजी।

(b) पूंजी जुटाने के स्रोत

1. **सेल्फ-फंडिंग (Self-Funding):**

   - **व्याख्या:** संस्थापक अपनी बचत या व्यक्तिगत संसाधनों का उपयोग करके स्टार्टअप शुरू करते हैं।

   - **लाभ:**
     - बाहरी निवेशकों पर निर्भरता नहीं।
     - कंपनी पर पूरा नियंत्रण।

   - **चुनौतियाँ:**
     - सीमित धनराशि।
     - उच्च व्यक्तिगत जोखिम।

2. **परिवार और मित्र (Family and Friends):**

   - **व्याख्या:** शुरुआती चरण में करीबी लोग वित्तीय सहायता प्रदान करते हैं।

   - **लाभ:**
     - आसानी से और जल्दी पूंजी उपलब्ध हो सकती है।
     - कम औपचारिकताएँ।

स्टार्टअप की यात्रा: चुनौतियाँ और सफलताएं

- **चुनौतियाँ:**
  - व्यक्तिगत रिश्तों पर दबाव।
  - वित्तीय जोखिम का सीधा असर संबंधों पर पड़ सकता है।

3. **एंजल इन्वेस्टर्स (Angel Investors):**

- **व्याख्या:** एंजल इन्वेस्टर्स वे अनुभवी व्यक्ति होते हैं जो स्टार्टअप में शुरुआती निवेश करते हैं।

- **लाभ:**
  - वित्तीय सहायता के साथ मार्गदर्शन और नेटवर्क का लाभ।
  - निवेशकों का अनुभव स्टार्टअप के लिए मददगार होता है।

- **चुनौतियाँ:**
  - निवेश के बदले में इक्विटी छोड़नी पड़ती है।
  - एंजल इन्वेस्टर्स की अपेक्षाओं को प्रबंधित करना।

4. **क्राउडफंडिंग (Crowdfunding):**

- **व्याख्या:** ऑनलाइन प्लेटफॉर्म के माध्यम से आम जनता से छोटी-छोटी धनराशि जुटाना।

- **लाभ:**
  - बाजार में शुरुआती ग्राहकों तक पहुंच।
  - विभिन्न स्रोतों से धन प्राप्त करना।

- **चुनौतियाँ:**
  - एक प्रभावशाली अभियान की आवश्यकता।
  - क्राउडफंडर्स की अपेक्षाओं को पूरा करना।

5. **वेंचर कैपिटल (Venture Capital):**

- **व्याख्या:** बड़ी पूंजी की आवश्यकता होने पर वेंचर कैपिटल फर्म निवेश करती हैं।

- **लाभ:**
  - बड़े निवेश।
  - विस्तार और विकास में मदद।

- **चुनौतियाँ:**
  - बड़े स्तर की इक्विटी छोड़नी पड़ सकती है।
  - वेंचर कैपिटलिस्ट्स की उच्च अपेक्षाएँ।

6. **बैंक लोन:**

- **व्याख्या:** पारंपरिक वित्तीय संस्थानों से ऋण लेना।

- **लाभ:**
  - कोई इक्विटी छोड़ने की आवश्यकता नहीं।
  - निश्चित पुनर्भुगतान संरचना।

स्टार्टअप की यात्रा: चुनौतियाँ और सफलताएं

- **चुनौतियाँ:**
  - ऋण को चुकाने का दबाव।
  - ब्याज की उच्च दर।

(c) पूंजी जुटाने की रणनीतियाँ

1. **व्यवसाय योजना बनाना (Business Plan):**

   - एक विस्तृत और पेशेवर व्यवसाय योजना तैयार करें।
   - इसमें लक्ष्य, उत्पाद, वित्तीय प्रक्षेपण (financial projections), और संभावित रिटर्न शामिल होना चाहिए।

2. **पिचिंग स्किल्स का विकास:**

   - निवेशकों को आपके स्टार्टअप में निवेश करने के लिए राजी करने के लिए प्रभावशाली पिच बनाएं।
   - पिच में यह स्पष्ट करें कि आपका विचार कैसे समस्या का समाधान करता है और निवेशकों को क्या लाभ मिलेगा।

3. **पारदर्शिता बनाए रखना:**

   - निवेशकों को आपके व्यवसाय और वित्तीय स्थिति की वास्तविक तस्वीर दिखाएं।
   - उन्हें विश्वास दिलाएं कि उनका निवेश सुरक्षित और लाभदायक है।

4. सही निवेशकों का चयन:

- ऐसे निवेशकों को खोजें जो न केवल पूंजी प्रदान करें, बल्कि उनके अनुभव, मार्गदर्शन, और नेटवर्किंग का भी लाभ मिले।

(d) चुनौतियाँ और उनका समाधान

1. **पूंजी जुटाने में समय:**

    - **चुनौती:** शुरुआती चरण में पूंजी जुटाने में लंबा समय लग सकता है।

    - **समाधान:**
        - वित्तीय योजना तैयार करें।
        - कई स्रोतों पर भरोसा करें।

2. **निवेशकों की अपेक्षाएँ:**

    - **चुनौती:** निवेशक अक्सर उच्च रिटर्न और तेज़ वृद्धि की उम्मीद करते हैं।

    - **समाधान:**
        - यथार्थवादी लक्ष्य तय करें।
        - नियमित प्रगति रिपोर्ट प्रदान करें।

3. **इक्विटी का नुकसान:**

    - **चुनौती:** अधिक पूंजी जुटाने के लिए कंपनी की हिस्सेदारी छोड़नी पड़ सकती है।

- **समाधान:**
  - इक्विटी के बदले अन्य विकल्पों (जैसे लोन) पर विचार करें।
  - केवल भरोसेमंद निवेशकों के साथ साझेदारी करें।

निष्कर्ष:

प्रारंभिक पूंजी जुटाना स्टार्टअप की यात्रा का एक महत्वपूर्ण कदम है। यह समझदारी, सही रणनीतियों, और दृढ़ संकल्प की मांग करता है। पूंजी जुटाने के विभिन्न स्रोतों और उनके उपयोग के सही ढंग से प्रबंधन के माध्यम से, आप अपने स्टार्टअप को मजबूत आधार प्रदान कर सकते हैं। यह प्रक्रिया न केवल आपकी वित्तीय स्थिति को स्थिर करती है, बल्कि आपके व्यवसाय की दीर्घकालिक सफलता का मार्ग भी प्रशस्त करती है।

2. नकदी प्रवाह का प्रबंधन (Managing Cash Flow)

नकदी प्रवाह (Cash Flow) का प्रबंधन किसी व्यवसाय के लिए एक महत्वपूर्ण वित्तीय प्रक्रिया है। यह व्यवसाय में नकदी की आवक (inflow) और जावक (outflow) को नियंत्रित करने और संतुलित रखने की रणनीति है। नकदी प्रवाह का सही प्रबंधन व्यवसाय को वित्तीय स्थिरता बनाए रखने, समय पर देनदारियों को पूरा करने और विकास के अवसरों का लाभ उठाने में सहायता करता है।

नकदी प्रवाह क्या है?

नकदी प्रवाह का अर्थ व्यवसाय में नकदी के आने (जैसे बिक्री, निवेश, ऋण आदि से प्राप्त आय) और जाने (जैसे कच्चे माल की खरीद, वेतन, किराया, ऋण चुकौती आदि) की प्रक्रिया है। यह व्यवसाय की तरलता (Liquidity) का संकेत देता है।

नकदी प्रवाह के प्रकार

1. सकारात्मक नकदी प्रवाह (Positive Cash Flow): जब व्यवसाय में आने वाली नकदी (Inflow) जाने वाली नकदी (Outflow) से अधिक होती है। यह व्यवसाय की वित्तीय स्थिरता का संकेत देता है।

2. नकारात्मक नकदी प्रवाह (Negative Cash Flow): जब व्यवसाय में खर्च अधिक हो और आय कम हो। यह व्यवसाय की तरलता के लिए जोखिम भरा हो सकता है।

नकदी प्रवाह प्रबंधन के लाभ

1. **समय पर भुगतान:**

   नकदी प्रवाह का सही प्रबंधन व्यवसाय को समय पर अपने देयकों (bills, salaries, rent) का भुगतान करने में सक्षम बनाता है।

2. **अल्पकालिक वित्तीय संकट से बचाव:**

   नकदी प्रवाह का आकलन व्यवसाय को किसी भी संभावित वित्तीय संकट के लिए तैयार रहने में मदद करता है।

3. **विकास के अवसर:**

   यदि व्यवसाय के पास नकदी अधिशेष (cash surplus) है, तो इसका उपयोग नए प्रोजेक्ट्स, निवेश या विस्तार के लिए किया जा सकता है।

4. **ऋण प्रबंधन:**

   सही नकदी प्रवाह से ऋण चुकौती और ब्याज भुगतान को सुचारू रूप से प्रबंधित किया जा सकता है।

नकदी प्रवाह प्रबंधन के लिए कदम

1. **नकदी प्रवाह का अनुमान लगाएं (Cash Flow Forecasting):**

   - अगले 3, 6 या 12 महीनों के लिए अनुमान लगाएं कि नकदी कहां से आएगी और कहां जाएगी।
   - संभावित आय और खर्चों का विस्तृत विवरण तैयार करें।

2. **आय में सुधार करें:**

   - ग्राहकों से समय पर भुगतान सुनिश्चित करें।
   - नए ग्राहकों को जोड़ने और बिक्री बढ़ाने पर ध्यान दें।
   - छूट और क्रेडिट अवधि को प्रभावी ढंग से प्रबंधित करें।

3. **खर्चों को नियंत्रित करें:**

   - गैर-जरूरी खर्चों को कम करें।
   - आपूर्तिकर्ताओं से भुगतान की बेहतर शर्तें (credit terms) प्राप्त करने की कोशिश करें।
   - लागत प्रभावी विकल्पों का चयन करें।

4. **आपातकालीन नकदी का प्रावधान:**

   - अप्रत्याशित परिस्थितियों के लिए नकदी का एक रिजर्व बनाए रखें।
   - आकस्मिक निधि (Emergency Fund) का निर्माण करें।

5. **प्रौद्योगिकी और उपकरणों का उपयोग करें:**

   - नकदी प्रवाह प्रबंधन के लिए सॉफ्टवेयर और टूल्स का उपयोग करें।
   - डिजिटल भुगतान और बैंकिंग प्रक्रियाओं को अपनाएं।

6. **ऋण और निवेश का उचित प्रबंधन:**

   - केवल आवश्यक ऋण लें और इसे समय पर चुकाने की योजना बनाएं।
   - अधिशेष नकदी को कम जोखिम वाले निवेश में लगाएं।

7. **नियमित समीक्षा:**

   - नकदी प्रवाह की नियमित निगरानी और विश्लेषण करें।
   - पिछले महीनों के नकदी प्रवाह की तुलना करें और सुधार की दिशा में कदम उठाएं।

उदाहरण

मान लें कि एक रिटेल स्टोर मासिक नकदी प्रवाह प्रबंधन कर रहा है:

- आवक नकदी:
  - बिक्री से आय: ₹5,00,000
  - अन्य स्रोत (जैसे कमीशन): ₹50,000
- कुल आवक नकदी: ₹5,50,000

स्टार्टअप की यात्रा: चुनौतियाँ और सफलताएं

- जावक नकदी:
  - स्टॉक खरीद: ₹2,00,000
  - कर्मचारियों का वेतन: ₹1,00,000
  - किराया: ₹50,000
  - अन्य खर्च: ₹50,000
- कुल जावक नकदी: ₹4,00,000

अब, नकदी प्रवाह होगा:

कुल आवक नकदी - कुल जावक नकदी = शुद्ध नकदी प्रवाह

₹5,50,000 - ₹4,00,000 = ₹1,50,000 (सकारात्मक नकदी प्रवाह)

यह सकारात्मक नकदी प्रवाह स्टोर को अपने आपातकालीन फंड में योगदान करने या भविष्य में नए स्टॉक या विस्तार में निवेश करने में मदद कर सकता है।

निष्कर्ष

नकदी प्रवाह का प्रबंधन केवल व्यावसायिक संचालन के लिए ही नहीं, बल्कि उसकी दीर्घकालिक सफलता के लिए भी आवश्यक है। यह व्यवसाय को वित्तीय दृष्टि से सशक्त बनाता है और अनिश्चितताओं के दौरान स्थिरता बनाए रखने में मदद करता है। नियमित निगरानी, सटीक योजना और व्यावसायिक रणनीतियों के माध्यम से नकदी प्रवाह का प्रभावी प्रबंधन किया जा सकता है।

3. राजस्व के स्रोत बनाना (Creating Revenue Streams)

राजस्व के स्रोत बनाना व्यवसाय की आय को बढ़ाने और दीर्घकालिक वित्तीय स्थिरता सुनिश्चित करने की प्रक्रिया है। यह व्यवसाय को विभिन्न माध्यमों से आय अर्जित करने और बाजार की बदलती स्थितियों के अनुसार अनुकूलन करने की क्षमता प्रदान करता है।

राजस्व के स्रोत क्या हैं?

राजस्व के स्रोत (Revenue Streams) वे तरीके हैं जिनसे कोई व्यवसाय अपनी सेवाओं, उत्पादों या संपत्तियों के माध्यम से आय उत्पन्न करता है। विभिन्न प्रकार के व्यवसाय विभिन्न स्रोतों से राजस्व अर्जित कर सकते हैं, जैसे उत्पाद की बिक्री, सदस्यता, विज्ञापन आदि।

राजस्व के स्रोत बनाने के लिए प्रमुख रणनीतियाँ:

1. **कोर उत्पाद/सेवा की बिक्री**

- **विवरण:**

    व्यवसाय का प्राथमिक राजस्व स्रोत उसके कोर उत्पाद या सेवाओं की बिक्री है।

उदाहरण:

- एक ई-कॉमर्स वेबसाइट कपड़े बेचती है।

- एक सॉफ्टवेयर कंपनी सॉफ्टवेयर लाइसेंस बेचती है।

- **कैसे सुधारें:**

    - उत्पाद की गुणवत्ता में सुधार करें।

स्टार्टअप की यात्रा: चुनौतियाँ और सफलताएं

- बाजार में विविधता लाएं और नए उत्पाद लॉन्च करें।

2. **सदस्यता मॉडल (Subscription Model)**

- **विवरण:**

   ग्राहक व्यवसाय की सेवाओं या उत्पादों का नियमित उपयोग करने के लिए मासिक, तिमाही या वार्षिक शुल्क का भुगतान करते हैं।

उदाहरण:

- नेटफ्लिक्स या अमेज़न प्राइम जैसी सेवाएं।

- **कैसे कार्यान्वित करें:**

   - ग्राहकों के लिए आकर्षक सदस्यता योजनाएं पेश करें।
   - लगातार उपयोगकर्ताओं को बनाए रखने के लिए मूल्य वर्धित सेवाएं दें।

3. **विज्ञापन राजस्व (Advertising Revenue)**

- **विवरण:**

   किसी प्लेटफ़ॉर्म या उत्पाद के माध्यम से विज्ञापन दिखाने से आय अर्जित करना।

उदाहरण:

- YouTube पर वीडियो के बीच विज्ञापन।
- वेबसाइट या मोबाइल ऐप पर बैनर विज्ञापन।

- **कैसे कार्यान्वित करें:**

  - अपने प्लेटफ़ॉर्म की ट्रैफ़िक और पहुंच बढ़ाएं।

  - विज्ञापनदाताओं को बेहतर ROI देने के लिए टार्गेटेड विज्ञापन पेश करें।

4. **एफिलिएट मार्केटिंग (Affiliate Marketing)**

- **विवरण:**

  अन्य व्यवसायों के उत्पादों या सेवाओं को प्रमोट करने के लिए कमीशन के आधार पर आय अर्जित करना।

उदाहरण:

- ब्लॉगर्स और कंटेंट क्रिएटर्स अमेज़न के उत्पादों के लिए एफिलिएट लिंक का उपयोग करते हैं।

- **कैसे कार्यान्वित करें:**

  - प्रभावशाली और प्रासंगिक उत्पादों का चयन करें।

  - अपने दर्शकों के हितों के अनुसार प्रचार करें।

5. **उत्पादों का लाइसेंसिंग (Licensing Products)**

- **विवरण:**

  अपने उत्पाद, सेवा, या बौद्धिक संपदा का लाइसेंस अन्य कंपनियों को प्रदान करना।

उदाहरण:

- सॉफ़्टवेयर कंपनियाँ लाइसेंस प्रदान करती हैं।

- संगीत या चित्र का लाइसेंस।

- कैसे कार्यान्वित करें:
    - अपने बौद्धिक संपदा को कानूनी रूप से संरक्षित करें।
    - व्यवसायिक साझेदारियों का विकास करें।

6. **फ्रैंचाइज़्र मॉडल (Franchise Model)**

- **विवरण:**

  अन्य व्यक्तियों या व्यवसायों को अपने ब्रांड का उपयोग करने की अनुमति देकर आय उत्पन्न करना।

उदाहरण:

- मैकडोनाल्ड्स या डोमिनोज़ जैसी कंपनियां फ्रैंचाइज़ी देती हैं।

- **कैसे कार्यान्वित करें:**
    - मजबूत ब्रांड पहचान बनाएं।
    - फ्रैंचाइज़ी मॉडल के लिए प्रशिक्षण और समर्थन की व्यवस्था करें।

7. **इवेंट्स और वर्कशॉप्स**

- **विवरण:**

  शैक्षिक, मनोरंजन या व्यावसायिक उद्देश्य से इवेंट्स या वर्कशॉप आयोजित करके आय उत्पन्न करना।

उदाहरण:

- लाइव कॉन्सर्ट या वेबिनार।
- ट्रेनिंग सत्र।

- **कैसे कार्यान्वित करें:**

  - विषय को प्रासंगिक और आकर्षक बनाएं।
  - बड़े दर्शकों को आकर्षित करने के लिए डिजिटल प्रचार करें।

8. **साझेदारी और स्पॉन्सरशिप (Partnerships and Sponsorships)**

- **विवरण:**

  किसी ब्रांड के साथ सहयोग करके या उनके प्रोडक्ट को प्रमोट करने के लिए स्पॉन्सरशिप फीस प्राप्त करना।

उदाहरण:

- खेल आयोजनों में कंपनियों द्वारा प्रायोजन।
- सोशल मीडिया पर प्रभावशाली व्यक्तियों द्वारा ब्रांड प्रचार।

- **कैसे कार्यान्वित करें:**

  - अपने ब्रांड की पहुंच और प्रासंगिकता बढ़ाएं।
  - उच्च गुणवत्ता वाले स्पॉन्सर ढूंढें।

स्टार्टअप की यात्रा: चुनौतियाँ और सफलताएं

9. डिजिटल उत्पादों का निर्माण (Creating Digital Products)

- **विवरण:**

  ई-बुक्स, ऑनलाइन कोर्स, सॉफ़्टवेयर टूल्स, या डिजिटल डाउनलोड बेचकर आय अर्जित करना।

उदाहरण:

- कोडिंग या डिजाइन सीखने के लिए ऑनलाइन कोर्स।
- ग्राफिक डिजाइन टेम्पलेट्स।

- **कैसे कार्यान्वित करें:**

  - अपनी विशेषज्ञता का उपयोग करें।
  - उत्पाद को मूल्यवान और उपयोगकर्ता के अनुकूल बनाएं।

10. परामर्श और फ्रीलांसिंग (Consulting and Freelancing)

- **विवरण:**

  अपनी विशेषज्ञता और सेवाएं दूसरों को प्रदान करना।

उदाहरण:

- व्यवसायिक रणनीति परामर्श।
- कंटेंट राइटिंग, ग्राफिक डिजाइनिंग।

- **कैसे कार्यान्वित करें:**

  - अपने कौशल और विशेषज्ञता का प्रदर्शन करें।

- ऑनलाइन प्लेटफॉर्म पर प्रोफाइल बनाएं।

निष्कर्ष:

राजस्व के स्रोत बनाने के लिए रचनात्मकता, नवाचार, और ग्राहकों की जरूरतों को समझना आवश्यक है। विभिन्न राजस्व स्रोत न केवल व्यवसाय की आय बढ़ाने में मदद करते हैं, बल्कि इसे स्थिर और लचीला भी बनाते हैं।

4. लागत का प्रबंधन (Controlling Costs)

लागत का प्रबंधन का मतलब व्यवसाय में होने वाले विभिन्न खर्चों को नियंत्रित करना और उन्हें इस प्रकार अनुकूलित करना है कि गुणवत्ता बनाए रखते हुए व्यवसाय की लाभप्रदता बढ़ाई जा सके। प्रभावी लागत प्रबंधन से व्यवसाय वित्तीय स्थिरता बनाए रख सकता है, प्रतिस्पर्धात्मक बने रह सकता है और दीर्घकालिक सफलता सुनिश्चित कर सकता है।

लागत का प्रबंधन कैसे करें?

1. कच्चे माल की लागत में कटौती (Reducing Raw Material Costs)

- **कैसे करें:**
    - अधिक मात्रा में खरीदारी (Bulk Purchasing) के लिए आपूर्तिकर्ताओं के साथ सौदे करें।
    - गुणवत्ता बनाए रखते हुए सस्ते विकल्प तलाशें।

- स्थानीय स्रोतों से सामग्री प्राप्त करें ताकि परिवहन लागत कम हो।

उदाहरण:

- एक निर्माण कंपनी कच्चे माल के थोक ऑर्डर पर छूट प्राप्त कर सकती है।

2. ऑपरेशनल दक्षता (Operational Efficiency) बढ़ाना

- **कैसे करें:**

  - स्वचालन (Automation) को अपनाएं।
  - कर्मचारियों को कार्यकुशलता बढ़ाने के लिए प्रशिक्षित करें।
  - अनावश्यक प्रक्रियाओं को समाप्त करें।

उदाहरण:

- एक विनिर्माण यूनिट उत्पादन प्रक्रिया में रोबोटिक तकनीक लागू करके उत्पादन लागत कम कर सकती है।

3. ऊर्जा और यूटिलिटी की लागत कम करना (Reducing Energy and Utility Costs)

- **कैसे करें:**

  - ऊर्जा बचाने वाले उपकरणों का उपयोग करें।
  - बिजली का अनावश्यक उपयोग कम करें।
  - सौर ऊर्जा जैसी वैकल्पिक ऊर्जा स्रोतों को अपनाएं।

उदाहरण:

- एक होटल LED बल्ब और ऊर्जा कुशल HVAC सिस्टम का उपयोग करके बिजली की लागत कम कर सकता है।

4. वर्कफोर्स की लागत का अनुकूलन (Optimizing Workforce Costs)

- **कैसे करें:**

  - अंशकालिक या संविदा कर्मचारियों का उपयोग करें।
  - श्रमिकों की उत्पादकता पर नजर रखें।
  - काम के घंटे और ओवरटाइम का प्रभावी प्रबंधन करें।

उदाहरण:

- एक रिटेल स्टोर त्योहारी सीजन के लिए अस्थायी कर्मचारियों को नियुक्त कर सकता है।

5. मार्केटिंग लागत का अनुकूलन (Optimizing Marketing Costs)

- **कैसे करें:**

  - डिजिटल मार्केटिंग चैनलों का उपयोग करें, जो पारंपरिक तरीकों से सस्ते होते हैं।
  - सही लक्षित ग्राहकों पर ध्यान केंद्रित करें।
  - प्रभावी विज्ञापन रणनीतियों का उपयोग करें।

उदाहरण:

- एक स्टार्टअप सोशल मीडिया प्लेटफॉर्म पर प्रचार कर सकता है, जो प्रिंट विज्ञापन की तुलना में सस्ता है।

6. वस्तुओं और सेवाओं की आपूर्ति लागत कम करना (Reducing Supply Chain Costs)

- **कैसे करें:**

  - आपूर्ति श्रृंखला को सुव्यवस्थित करें।
  - विभिन्न आपूर्तिकर्ताओं से मूल्य तुलना करें।
  - एकीकृत वितरण प्रणाली का उपयोग करें।

उदाहरण:

- एक ई-कॉमर्स कंपनी क्षेत्रीय वेयरहाउस का उपयोग करके वितरण लागत को कम कर सकती है।

7. अनावश्यक खर्चों को समाप्त करना (Eliminating Unnecessary Expenses)

- **कैसे करें:**

  - खर्चों का नियमित ऑडिट करें।
  - उन सेवाओं को बंद करें जिनका उपयोग नहीं किया जा रहा है।
  - छोटे लेकिन नियमित खर्चों पर ध्यान दें।

उदाहरण:

- एक ऑफिस पुरानी सदस्यता और सॉफ़्टवेयर लाइसेंस रद्द कर सकता है।

8. टेक्नोलॉजी का उपयोग (Leveraging Technology)

- **कैसे करें:**

  - क्लाउड कंप्यूटिंग का उपयोग करें, जिससे हार्डवेयर और रखरखाव की लागत कम हो।

  - लागत ट्रैकिंग और प्रबंधन के लिए ERP सिस्टम का उपयोग करें।

उदाहरण:

- एक कंपनी पेपरलेस सिस्टम अपनाकर मुद्रण और स्टेशनरी की लागत कम कर सकती है।

9. फिक्स्ड और वेरिएबल कॉस्ट का प्रबंधन (Managing Fixed and Variable Costs)

- **कैसे करें:**

  - फिक्स्ड लागत (जैसे किराया) के लिए वैकल्पिक समाधान तलाशें, जैसे सह-कार्यस्थल का उपयोग।

  - वेरिएबल लागत पर नियंत्रण रखें, जैसे उत्पादन सामग्री।

उदाहरण:

- एक स्टार्टअप बड़े ऑफिस के बजाय सह-कार्यस्थल (Co-working Space) का उपयोग कर सकता है।

10. वित्तीय समझौते और पुनः वार्ता (Financial Negotiations)

- **कैसे करें:**

- अपने ऋण और देय राशि के पुनर्भुगतान के लिए बेहतर शर्तें वार्ता करें।
- आपूर्तिकर्ताओं से दीर्घकालिक अनुबंध पर छूट प्राप्त करें।

उदाहरण:

- एक व्यवसाय अपने बैंक के साथ ब्याज दरें कम करने के लिए वार्ता कर सकता है।

उदाहरण:

1. **फ्लिपकार्ट:**

- आपूर्ति श्रृंखला में सुधार और स्थानीय वेयरहाउस खोलकर लॉजिस्टिक्स लागत कम की।

2. **टाटा स्टील:**

- ऊर्जा कुशल तकनीक और स्वचालन का उपयोग करके उत्पादन लागत कम की।

3. **ओयो रूम्स:**

    - सस्ते होटलों के साथ साझेदारी करके परिचालन लागत कम की।

निष्कर्ष:

लागत का प्रबंधन एक सतत प्रक्रिया है जिसमें व्यय की योजना, निगरानी और नियंत्रण शामिल है। व्यवसाय को सफलता के लिए नियमित रूप से लागत का विश्लेषण और रणनीतियों का अनुकूलन करना चाहिए। सही लागत प्रबंधन से न केवल लाभप्रदता बढ़ती है, बल्कि व्यवसाय की दीर्घकालिक स्थिरता भी सुनिश्चित होती है।

5. असफलताओं से सीखना (Learning from Failures)

असफलताओं से सीखना एक ऐसी प्रक्रिया है जिसमें हम अपनी गलतियों, विफलताओं, या अप्रत्याशित परिणामों का विश्लेषण करके उनसे ज्ञान प्राप्त करते हैं और अपने भविष्य के प्रयासों को बेहतर बनाते हैं। असफलताएँ हमें अपनी कमजोरियों को पहचानने और सुधारने का अवसर देती हैं।

असफलताओं से सीखने का महत्व

1. **नवाचार और रचनात्मकता को बढ़ावा देना:**

    - असफलता के माध्यम से नए दृष्टिकोण और समाधान विकसित किए जा सकते हैं।

2. **स्वयं का आकलन:**

   - यह हमें अपने दृष्टिकोण, योजनाओं, और कार्यप्रणाली में खामियों को समझने में मदद करती है।

3. **लचीलापन और आत्मविश्वास बढ़ाना:**

   - असफलताओं का सामना करके, हम मानसिक रूप से मजबूत और चुनौतियों के लिए तैयार होते हैं।

4. **विकास का मार्ग:**

   - हर असफलता एक सबक है जो हमें सुधार की दिशा में प्रेरित करता है।

असफलताओं से सीखने की प्रक्रिया

1. **असफलता को स्वीकार करना:**

   - सबसे पहले, यह समझना कि असफलता जीवन और कार्य का स्वाभाविक हिस्सा है।

   - उदाहरण: "मैंने गलती की, लेकिन इसे सुधारने का तरीका ढूँढ़ सकता हूँ।"

2. **विफलता का विश्लेषण करना:**

   - असफलता के कारणों का गहराई से अध्ययन करना।

   - **प्रमुख प्रश्न:**

     - क्या गलत हुआ?

- इसे क्यों नहीं रोका जा सका?
- इसे सुधारने के लिए क्या किया जा सकता है?

3. सीखने योग्य सबक निकालना:

- असफलता के पीछे छिपे सबक को पहचानना।
- उदाहरण: परियोजना प्रबंधन में देरी के कारण समय प्रबंधन पर अधिक ध्यान देने की आवश्यकता।

4. योजना में सुधार:

- असफलता से सीखे गए सबकों को लागू करना।
- नई रणनीतियाँ और बेहतर प्रक्रियाएँ अपनाना।

5. फिर से प्रयास करना:

- असफलता से डरे बिना, सुधारित दृष्टिकोण के साथ पुनः प्रयास करना।
- "सफलता उन्हीं को मिलती है जो असफलताओं के बावजूद प्रयास करते रहते हैं।"

उदाहरण

1. व्यवसाय में असफलता:

एक स्टार्टअप ने एक नया मोबाइल एप्लिकेशन लॉन्च किया, लेकिन इसे पर्याप्त उपयोगकर्ता नहीं मिले।

स्टार्टअप की यात्रा: चुनौतियाँ और सफलताएं

- **कारण:**
  - ग्राहकों की सही जरूरतों को समझे बिना उत्पाद विकसित किया गया।

- **सबक:**
  - ग्राहक अनुसंधान और बाजार विश्लेषण पर अधिक ध्यान देना।

- **कार्य:**
  - उपयोगकर्ता की प्रतिक्रिया पर आधारित एक नया संस्करण विकसित करना।

2. परियोजना में असफलता:

एक निर्माण कंपनी ने समय पर प्रोजेक्ट पूरा नहीं किया।

- **कारण:**
  - समय प्रबंधन और संसाधन योजना में खामियाँ।

- **सबक:**
  - परियोजना प्रबंधन सॉफ़्टवेयर का उपयोग करना और एक बेहतर कार्य योजना बनाना।

- **परिणाम:**
  - अगली परियोजना समय पर और बजट के भीतर पूरी हुई।

3. परीक्षा में असफलता:

एक छात्र ने बोर्ड परीक्षा में अच्छे अंक प्राप्त नहीं किए।

- **कारण:**
  - पढ़ाई की गलत रणनीति और समय की कमी।

- **सबक:**
  - समय प्रबंधन और स्मार्ट अध्ययन की आदतों को अपनाना।

- **कार्य:**
  - परीक्षा में सफलता के लिए एक सुव्यवस्थित अध्ययन योजना।

4. उत्पाद असफलता:

कोका-कोला कंपनी ने 1985 में "न्यू कोक" उत्पाद लॉन्च किया, जो असफल रहा।

- **कारण:**
  - ग्राहकों ने पारंपरिक कोक का स्वाद पसंद किया।

- **सबक:**
  - ग्राहकों की प्राथमिकताओं को नज़रअंदाज नहीं किया जा सकता।

- **परिणाम:**
  - कंपनी ने मूल उत्पाद को फिर से लॉन्च किया, जो बहुत सफल रहा।

सारांश

असफलता को अंत के रूप में नहीं, बल्कि सीखने और सुधारने के अवसर के रूप में देखना चाहिए। "हर असफलता सफलता के करीब एक कदम है" के सिद्धांत को अपनाते हुए, हमें असफलताओं का स्वागत करना चाहिए और उनसे प्रेरणा लेकर अपने लक्ष्यों को प्राप्त करने की दिशा में अग्रसर रहना चाहिए।

अध्याय निष्कर्ष:

स्टार्टअप की सफलता का एक बड़ा हिस्सा वित्तीय चुनौतियों को सही तरीके से संभालने में है। यह समझना महत्वपूर्ण है कि शुरुआती संघर्ष और कठिनाइयाँ उद्यमिता का हिस्सा हैं। सही वित्तीय योजना, सूझबूझ भरे निर्णय, और सतत सीखने की प्रक्रिया के माध्यम से आप इन बाधाओं को पार कर सकते हैं। वित्तीय चुनौतियाँ केवल समस्या नहीं हैं, बल्कि वे एक अवसर हैं जो आपको एक मजबूत और स्थिर व्यवसाय बनाने में मदद करती हैं।

अध्याय 4
सलाहकारों और मार्गदर्शकों की भूमिका
(The Role of Mentors and Advisors)

संस्कृत श्लोक:

"आचार्यात् पादमादत्ते पादं शिष्यः स्वमेधया।
पादं सब्रह्मचारिभ्यः पादं कालक्रमेण च॥"

(महाभारत, अनुशासन पर्व)

अर्थ:

शिष्य अपने ज्ञान का एक चौथाई भाग आचार्य (गुरु) से प्राप्त करता है, एक चौथाई स्वयं की बुद्धि और प्रयासों से, एक चौथाई अपने सहपाठियों से, और शेष ज्ञान समय के साथ अनुभवों से प्राप्त करता है।

हिंदी उद्धरण:

"गुरु वो दीपक है जो अपने शिष्य को अज्ञान के अंधकार से निकालकर ज्ञान के प्रकाश में ले जाता है।"

सलाहकारों और मार्गदर्शकों की भूमिका किसी भी व्यक्ति, संगठन, या व्यवसाय की सफलता में बेहद महत्वपूर्ण होती है। वे अपने अनुभव, ज्ञान, और विशेषज्ञता के माध्यम से सही दिशा प्रदान करते हैं, जिससे जटिल परिस्थितियों में बेहतर निर्णय लेने और लक्ष्यों को प्राप्त करने में सहायता मिलती है।

मार्गदर्शक और सलाहकार कौन होते हैं?

मार्गदर्शक और **सलाहकार** वे व्यक्ति होते हैं जो किसी व्यक्ति के जीवन, करियर, या किसी विशेष कार्यक्षेत्र में सही दिशा दिखाने में सहायता करते हैं। ये लोग अपने अनुभव, ज्ञान, और समझ के आधार पर दूसरों को उचित निर्णय लेने, समस्याओं को सुलझाने, और अपने लक्ष्यों तक पहुँचने में मदद करते हैं।

मार्गदर्शक (Mentor):

मार्गदर्शक वह होता है जो दीर्घकालिक रूप से किसी व्यक्ति को सिखाता और उसका समर्थन करता है।

- मार्गदर्शक का ध्यान व्यक्तिगत और व्यावसायिक विकास पर केंद्रित होता है।

- वे अपने अनुभव और ज्ञान के आधार पर अपने शिष्य (Mentee) को सही मार्ग दिखाते हैं।

उदाहरण:

- स्कूल में एक शिक्षक जो न केवल विषय पढ़ाता है, बल्कि छात्रों को उनके जीवन में सही दिशा चुनने में मदद करता है।

- महाभारत में कृष्ण का अर्जुन को मार्गदर्शन देना। श्रीकृष्ण ने न केवल युद्ध के समय अर्जुन को सही निर्णय लेने में सहायता की, बल्कि धर्म और जीवन के मूल्यों का ज्ञान भी दिया।

सलाहकार (Advisor):

सलाहकार वह व्यक्ति होता है जो किसी विशेष समस्या या स्थिति में उचित सुझाव और समाधान प्रदान करता है।

- सलाहकार का ध्यान विशिष्ट समस्याओं को हल करने या योजनाओं को बनाने पर होता है।
- यह अक्सर विशेषज्ञता के आधार पर होता है।

उदाहरण:

- एक व्यवसायिक सलाहकार (Business Advisor) जो किसी कंपनी को उनकी वित्तीय योजना बनाने में मदद करता है।
- चाणक्य ने चंद्रगुप्त मौर्य को शासन की रणनीतियों और राजनीतिक निर्णयों में सलाह दी, जिससे वे एक शक्तिशाली सम्राट बने।

महत्व और भूमिका:

1. **मार्गदर्शक:**

- आत्मविश्वास बढ़ाते हैं।
- दीर्घकालिक लक्ष्यों को प्राप्त करने में सहायक।

- अनुभव से सीखने का मौका मिलता है।

2. **सलाहकार:**

- विशेषज्ञता आधारित समाधान प्रदान करते हैं।
- तत्काल निर्णय लेने में मदद करते हैं।
- जोखिम कम करने और नई संभावनाओं की ओर प्रेरित करते हैं।

जीवन से प्रेरक उदाहरण:

1. **डॉ. ए.पी.जे. अब्दुल कलाम:**

- उन्होंने अपने जीवन में कई गुरुओं और मार्गदर्शकों से प्रेरणा ली।
- उन्होंने अपने सलाहकार विक्रम साराभाई से विज्ञान और अंतरिक्ष अनुसंधान के क्षेत्र में बहुत कुछ सीखा।

2. **महात्मा गांधी और गोपालकृष्ण गोखले:**

- गांधीजी के राजनीतिक और सामाजिक दृष्टिकोण को गोखले ने बहुत प्रभावित किया।
- गोखले ने उन्हें भारत की जमीनी सच्चाइयों से अवगत कराया और अहिंसा का मार्ग अपनाने की प्रेरणा दी।

निष्कर्ष:

मार्गदर्शक और सलाहकार, दोनों का जीवन में महत्वपूर्ण स्थान है। मार्गदर्शक व्यक्ति को लंबे समय तक सही दिशा दिखाते हैं, जबकि सलाहकार समय-समय पर समस्याओं के समाधान में मदद करते हैं। दोनों के सहयोग से व्यक्ति अपने जीवन में बेहतर निर्णय ले सकता है और सफलता की ओर बढ़ सकता है।

मार्गदर्शकों और सलाहकारों की भूमिका

जीवन, करियर, या किसी विशेष क्षेत्र में सफलता पाने के लिए सही दिशा और ज्ञान आवश्यक है। इस दिशा में मार्गदर्शकों और सलाहकारों की भूमिका बेहद महत्वपूर्ण होती है। वे न केवल सही मार्ग दिखाते हैं, बल्कि समस्याओं को हल करने और आत्मविश्वास बढ़ाने में भी मदद करते हैं।

1. मार्गदर्शकों की भूमिका (Role of Mentors):

मार्गदर्शक एक ऐसा व्यक्ति होता है जो अपने अनुभव और ज्ञान का उपयोग करके किसी व्यक्ति को दीर्घकालिक सफलता के लिए तैयार करता है।

मुख्य भूमिकाएँ:

1. **प्रेरणा और प्रोत्साहन देना:**

    मार्गदर्शक शिष्य को प्रोत्साहित करते हैं और उन्हें अपने लक्ष्यों को प्राप्त करने के लिए प्रेरित करते हैं।

    उदाहरण:
    - महाभारत में श्रीकृष्ण ने अर्जुन को धर्म और कर्म के मार्ग पर चलने के लिए प्रेरित किया।

स्टार्टअप की यात्रा: चुनौतियाँ और सफलताएं

2. **जीवन और करियर का मार्गदर्शन:**

   मार्गदर्शक दीर्घकालिक विकास के लिए सही निर्णय लेने में मदद करते हैं।

उदाहरण:

- शिक्षक जो छात्र को न केवल शिक्षा में, बल्कि जीवन के बड़े निर्णयों में भी मार्गदर्शन देता है।

3. **संभव बाधाओं के लिए तैयारी करना:**

   मार्गदर्शक अपने अनुभवों के माध्यम से बताते हैं कि किसी विशेष चुनौती का सामना कैसे किया जाए।

उदाहरण:

- एक वरिष्ठ कर्मचारी अपने नए सहयोगी को कार्यस्थल की चुनौतियों से निपटने की रणनीतियाँ सिखाता है।

4. **व्यक्तिगत विकास:**

   मार्गदर्शक व्यक्ति की सोच, दृष्टिकोण, और व्यक्तित्व को निखारने में मदद करते हैं।

5. **आत्मविश्वास और धैर्य का निर्माण:**

   मार्गदर्शक कठिन समय में सहारा बनते हैं और व्यक्ति के आत्मविश्वास को बनाए रखने में मदद करते हैं।

2. सलाहकारों की भूमिका (Role of Advisors):

सलाहकार एक ऐसा विशेषज्ञ होता है जो किसी विशिष्ट समस्या या परियोजना में उचित सुझाव और समाधान प्रदान करता है।

मुख्य भूमिकाएँ:

1. तकनीकी विशेषज्ञता प्रदान करना:

सलाहकार जटिल समस्याओं को हल करने के लिए अपनी विशेषज्ञता और ज्ञान का उपयोग करते हैं।

उदाहरण:

- एक वित्तीय सलाहकार (Financial Advisor) जो निवेश की योजना बनाता है।

2. तत्काल निर्णय लेने में सहायता:

जब कोई व्यक्ति या संगठन अनिश्चित हो, तो सलाहकार तुरंत समाधान प्रदान करते हैं।

उदाहरण:

- एक कानूनी सलाहकार (Legal Advisor) जो किसी विवाद को सुलझाने में मदद करता है।

3. रणनीतिक योजना बनाना:

सलाहकारों की भूमिका रणनीतिक योजनाओं को विकसित करने और लागू करने में मदद करना है।

उदाहरण:

- एक व्यापारिक सलाहकार (Business Advisor) जो कंपनी के विकास की दिशा तय करता है।

4. जोखिम प्रबंधन:

सलाहकार संभावित जोखिमों की पहचान करते हैं और उनके समाधान की योजना बनाते हैं।

स्टार्टअप की यात्रा: चुनौतियाँ और सफलताएं

5. **विशेषज्ञता आधारित मार्गदर्शन:**

   सलाहकार अपनी विशेषज्ञता के आधार पर विस्तृत और विशिष्ट जानकारी प्रदान करते हैं।

मार्गदर्शक और सलाहकार की भूमिका का जीवन में महत्व:

1. **व्यक्तिगत विकास:**

   मार्गदर्शक और सलाहकार आत्मविश्वास, धैर्य, और कौशल को निखारने में मदद करते हैं।

उदाहरण:

- जीवन के किसी मोड़ पर, जब व्यक्ति निराश महसूस करता है, तो मार्गदर्शक उसकी उम्मीद जगाते हैं।

2. **निर्णय लेने की क्षमता:**

   सलाहकार विशेषज्ञता के आधार पर व्यक्ति को सही निर्णय लेने में सहायता करते हैं।

3. **समस्याओं का समाधान:**

   मार्गदर्शक और सलाहकार मिलकर व्यक्ति को समस्याओं का सामना करने और उनका हल निकालने के लिए तैयार करते हैं।

4. **दीर्घकालिक सफलता:**

   मार्गदर्शक और सलाहकार दोनों का सहयोग व्यक्ति को अपने लक्ष्यों को प्राप्त करने में सहायक होता है।

निष्कर्ष:

मार्गदर्शक और सलाहकार दोनों ही जीवन में सही दिशा और निर्णय लेने में सहायक होते हैं।

- **मार्गदर्शक** व्यक्ति के समग्र विकास और आत्मनिर्भरता पर ध्यान देते हैं।
- **सलाहकार** विशेषज्ञता आधारित सुझाव देकर विशिष्ट समस्याओं को हल करने में मदद करते हैं।

दोनों की भूमिका व्यक्ति को न केवल सफलता तक पहुँचाने में मदद करती है, बल्कि उन्हें जीवन के बड़े उद्देश्यों को समझने और प्राप्त करने की शक्ति भी देती है।

सलाहकारों और मार्गदर्शकों के लाभ

स्टार्टअप की यात्रा कठिनाइयों और अनिश्चितताओं से भरी होती है। ऐसे में सलाहकारों और मार्गदर्शकों की भूमिका अहम होती है। वे अनुभव, ज्ञान और नेटवर्किंग के माध्यम से स्टार्टअप्स को सही दिशा दिखाने और चुनौतियों का सामना करने में मदद करते हैं।

1. अनुभव से मिलने वाला मार्गदर्शन:

सलाहकार और मार्गदर्शक अपने अनुभवों से स्टार्टअप को संभावित गलतियों से बचा सकते हैं।

उदाहरण:

- यदि कोई स्टार्टअप फंडिंग की योजना बना रहा है, तो सलाहकार उनकी मदद कर सकते हैं कि किस प्रकार सही निवेशकों से संपर्क किया जाए और पिच कैसे बनाई जाए।

- मान लीजिए एक टेक-स्टार्टअप में फाउंडर का अनुभव केवल प्रोडक्ट डेवलपमेंट में है, तो एक बिजनेस सलाहकार उन्हें मार्केटिंग और सेल्स रणनीति बनाने में मदद कर सकता है।

2. **नेटवर्क का विस्तार:**

सलाहकार और मार्गदर्शक स्टार्टअप को नए संभावित निवेशकों, ग्राहकों और बिजनेस पार्टनर्स से जोड़ सकते हैं।

उदाहरण:

- यदि स्टार्टअप को बड़े कॉरपोरेट क्लाइंट्स की आवश्यकता है, तो एक अनुभवी सलाहकार अपने कॉर्पोरेट कनेक्शंस के माध्यम से इंट्रोडक्शन करवा सकते हैं।

- एक फूड डिलीवरी स्टार्टअप को अपने आपूर्तिकर्ता (suppliers) से बेहतर शर्तों पर बातचीत करने के लिए उद्योग के विशेषज्ञ से संपर्क करवाया जा सकता है।

3. **रणनीतिक दृष्टिकोण:**

सलाहकार जटिल समस्याओं को हल करने और दीर्घकालिक रणनीतियां बनाने में मदद करते हैं।

उदाहरण:

- मान लीजिए एक स्टार्टअप को पता चलता है कि उनका प्रोडक्ट मार्केट में अपेक्षित प्रदर्शन नहीं कर रहा। एक मार्गदर्शक प्रोडक्ट में सुधार और सही मार्केट सेगमेंट चुनने में मदद कर सकता है।

- यदि कंपनी का खर्च बढ़ रहा है और लाभ नहीं हो रहा, तो सलाहकार फाउंडर्स को लागत कम करने और राजस्व बढ़ाने की रणनीति सुझा सकते हैं।

4. कठिन समय में सहारा:

स्टार्टअप्स में असफलताएं और कठिनाइयां सामान्य हैं। इस समय, मार्गदर्शक फाउंडर्स का मनोबल बढ़ाते हैं और समाधान खोजने में मदद करते हैं।

उदाहरण:

- यदि फाउंडर्स को टीम मैनेजमेंट में समस्या हो रही है, तो एक अनुभवी मार्गदर्शक उन्हें बेहतर लीडरशिप स्किल्स सिखा सकते हैं।

- किसी कानूनी या नियामकीय बाधा के समय, सलाहकार आवश्यक सलाह और एक्सपर्ट्स के साथ संपर्क करवा सकते हैं।

5. फोकस बनाए रखना:

सलाहकार फाउंडर्स को उनके मुख्य लक्ष्यों पर केंद्रित रहने में मदद करते हैं, जिससे समय और संसाधनों की बर्बादी कम होती है।

उदाहरण:

- यदि स्टार्टअप एक साथ कई प्रोजेक्ट्स पर काम कर रहा है और सभी अधूरे हैं, तो सलाहकार प्राथमिकताओं को पुनः निर्धारित करने में मदद कर सकते हैं।

6. तेजी से निर्णय लेने में मदद:

सलाहकार अपने अनुभव के आधार पर फाउंडर्स को सही और तेजी से निर्णय लेने में मदद करते हैं।

उदाहरण:

- यदि कोई नया बाज़ार (market) एक्सप्लोर करना है, तो सलाहकार उस बाज़ार के लिए आवश्यक रिसर्च और रणनीति तैयार करने में सहायता कर सकते हैं।

सफलता और बाधाओं के संबंध में योगदान:

चुनौतियाँ (Hurdles):

1. **नवाचार में कमी:** प्रोडक्ट या सर्विस में सही इनोवेशन न होना।

   - समाधान: सलाहकार प्रोडक्ट इनोवेशन और मार्केट की जरूरतों को समझने में मदद करते हैं।

2. **फंडिंग की कमी:** पर्याप्त फंडिंग न मिल पाना।

   - समाधान: सही पिचिंग, नेटवर्किंग और वित्तीय रणनीतियों के लिए मार्गदर्शन।

3. **टीम प्रबंधन:** सही टीम बनाना और उसे बनाए रखना।

   - समाधान: सलाहकार सही हायरिंग और टीम बिल्डिंग रणनीति में सहायता करते हैं।

सफलता के उदाहरण:

- **Paytm:** स्टार्टअप को शुरुआती दिनों में सलाहकारों की मदद से डिजिटल वॉलेट के लिए सही रणनीति बनाने में मदद मिली, जिससे कंपनी आज एक बड़ा नाम बन गई।

- **Flipkart:** फाउंडर्स ने अपने मेंटर्स की मदद से सही समय पर निवेशकों को चुना और बिजनेस मॉडल को स्केल किया।

निष्कर्ष:

स्टार्टअप्स के लिए सलाहकार और मार्गदर्शक किसी रोडमैप की तरह काम करते हैं। वे फाउंडर्स को सही समय पर सही निर्णय लेने और असफलता को सफलता में बदलने में मदद करते हैं। यह कहना गलत नहीं होगा कि एक अनुभवी सलाहकार स्टार्टअप की सफलता की कुंजी हो सकता है।

सलाहकार और मार्गदर्शक के चयन में ध्यान रखने योग्य बातें

स्टार्टअप की यात्रा में सही सलाहकार और मार्गदर्शक का चयन एक महत्वपूर्ण कदम है। गलत व्यक्ति का चयन फाउंडर्स को भ्रमित कर सकता है या उनके समय और संसाधनों की बर्बादी कर सकता है। इसलिए, चयन प्रक्रिया में निम्नलिखित पहलुओं का ध्यान रखना बेहद आवश्यक है:

1. संबंधित क्षेत्र में अनुभव (Domain Expertise):

सलाहकार का आपके उद्योग या बिजनेस मॉडल में अनुभव होना चाहिए। इससे वह आपके स्टार्टअप की विशिष्ट चुनौतियों को समझ पाएगा और उपयोगी समाधान प्रदान कर सकेगा।

उदाहरण:

- यदि आपका स्टार्टअप फिनटेक (FinTech) से जुड़ा है, तो किसी ऐसे सलाहकार को चुनें जिसने फिनटेक या वित्तीय सेवाओं में काम किया हो।

- यदि आप एक ई-कॉमर्स प्लेटफॉर्म चला रहे हैं, तो एक ऐसा मार्गदर्शक चुनें जिसे ऑनलाइन रिटेलिंग का अनुभव हो।

2. **नेटवर्किंग क्षमता (Networking and Connections):**

सलाहकार या मार्गदर्शक का नेटवर्किंग अच्छा होना चाहिए, ताकि वे आपको सही निवेशकों, संभावित ग्राहकों और अन्य उद्योग विशेषज्ञों से जोड़ सकें।

ध्यान देने योग्य:

- क्या वे आपको निवेशकों या संभावित भागीदारों से मिलवा सकते हैं?

- क्या वे आपके उद्योग के प्रभावशाली लोगों के साथ आपका संपर्क स्थापित कर सकते हैं?

3. **सलाहकार का ट्रैक रिकॉर्ड (Proven Track Record):**

सलाहकार का पिछला अनुभव और सफलता का रिकॉर्ड जांचना आवश्यक है।

जांचें:

- क्या उन्होंने पहले किसी अन्य स्टार्टअप को सफलता तक पहुंचने में मदद की है?

- क्या उनके पास आपकी जैसी समस्याओं को हल करने का अनुभव है?

उदाहरण:

- यदि सलाहकार ने पहले किसी स्टार्टअप को स्केलिंग (scaling) में मदद की है, तो यह उनके अनुभव को दर्शाता है।

4. फाउंडर्स के साथ तालमेल (Compatibility with Founders):

सलाहकार और फाउंडर्स के बीच अच्छा तालमेल और पारस्परिक विश्वास होना चाहिए। अगर विचारधारा में मतभेद होंगे, तो सहयोग में कठिनाई होगी।

ध्यान दें:

- क्या सलाहकार आपकी बिजनेस दृष्टि और लक्ष्य को समझता है?
- क्या वह आपकी टीम के साथ सहजता से काम कर सकता है?

5. समय देने की प्रतिबद्धता (Commitment of Time):

यह समझना जरूरी है कि सलाहकार आपके स्टार्टअप को कितना समय देने के लिए तैयार है।

पूछें:

- क्या वह आपकी मीटिंग्स में नियमित रूप से शामिल हो सकते हैं?

- क्या वे समय पर आपकी समस्याओं को हल करने में मदद कर सकते हैं?

6. स्पष्ट भूमिका और जिम्मेदारी (Defined Roles and Responsibilities):

सलाहकार की भूमिका और अपेक्षाएं पहले से ही स्पष्ट होनी चाहिए।

ध्यान दें:

- क्या वे केवल रणनीतिक सलाह देंगे, या व्यावहारिक समाधान लागू करने में भी मदद करेंगे?
- क्या उनकी प्राथमिकता आपको बिजनेस डेवेलपमेंट में मदद करना है या टीम बिल्डिंग में?

7. पारदर्शिता और ईमानदारी (Transparency and Integrity):

सलाहकार का ईमानदार होना आवश्यक है। वे केवल वही सलाह दें, जो आपके स्टार्टअप के लिए उपयोगी हो, न कि जो उनकी व्यक्तिगत रुचि के लिए फायदेमंद हो।

ध्यान रखें:

- क्या वे आपके निर्णयों पर रचनात्मक फीडबैक देने के लिए तैयार हैं?
- क्या वे जोखिमों और गलतियों की संभावना के बारे में खुलकर चर्चा करते हैं?

8. वित्तीय अपेक्षाएं (Compensation Expectations):

सलाहकार को किस प्रकार का मुआवजा चाहिए, यह भी एक महत्वपूर्ण पहलू है।

विकल्प:

- इक्विटी (Equity): कई सलाहकार स्टार्टअप से उनकी सेवाओं के बदले हिस्सेदारी मांगते हैं।
- फीस (Fees): कुछ सलाहकार प्रति घंटे या परियोजना के आधार पर शुल्क लेते हैं।

ध्यान दें:

- सुनिश्चित करें कि मुआवजे के मामले में दोनों पक्षों के बीच स्पष्ट समझौता हो।

9. विविधता और नए दृष्टिकोण (Diverse and Fresh Perspectives):

कभी-कभी, विभिन्न क्षेत्रों से आए सलाहकार नए और अभिनव दृष्टिकोण ला सकते हैं।

उदाहरण:

- यदि आपका स्टार्टअप टेक आधारित है, तो एक मार्केटिंग विशेषज्ञ आपकी ब्रांडिंग रणनीति को मजबूत कर सकता है।

10. सलाहकार का नेटवर्क में विश्वास (Reputation in the Ecosystem):

सलाहकार या मार्गदर्शक की प्रतिष्ठा और उनकी विश्वसनीयता का आकलन करें।

ध्यान दें:

- क्या उनके बारे में सकारात्मक समीक्षाएं हैं?
- क्या अन्य फाउंडर्स ने उनके साथ काम करके अच्छा अनुभव साझा किया है?

11. दीर्घकालिक समर्थन की क्षमता (Long-term Commitment):

सलाहकार केवल शुरुआती चरणों में ही नहीं, बल्कि दीर्घकाल तक आपकी सहायता करने के लिए तैयार होना चाहिए।

उदाहरण:

- एक अच्छा सलाहकार आपकी कंपनी के स्केलिंग, नई मार्केट एंट्री, और संभावित चुनौतियों में मार्गदर्शन करता रहेगा।

सलाहकार का चयन करते समय सावधानियां:

1. **संदेहास्पद दावों से बचें:** अगर कोई सलाहकार बहुत ज्यादा वादे करता है, तो सतर्क रहें।

2. **संदर्भ जांचें:** उनके पिछले क्लाइंट्स या स्टार्टअप्स से फीडबैक लें।

3. **अनुबंध (Contract) बनाएं:** स्पष्ट भूमिका, समय, और मुआवजे के साथ एक लिखित अनुबंध करें।

4. **संख्या पर ध्यान न दें:** कई सलाहकार रखने से अच्छा है कि एक या दो उपयुक्त सलाहकार हों, जो वास्तव में मदद कर सकें।

निष्कर्ष:

सही सलाहकार और मार्गदर्शक का चयन आपकी स्टार्टअप की सफलता के लिए एक आधारशिला है। चयन प्रक्रिया में सतर्कता और विवेक का पालन करें। अनुभव, नेटवर्किंग, तालमेल, और प्रतिबद्धता जैसे पहलुओं पर विचार करना आपके निर्णय को बेहतर बना सकता है।

अध्याय निष्कर्ष:

सलाहकार और मार्गदर्शक स्टार्टअप्स के लिए अमूल्य संसाधन हो सकते हैं, लेकिन उनकी सीमाओं को समझना आवश्यक है। उनका उद्देश्य केवल दिशा दिखाना है; सफलता प्राप्त करने की जिम्मेदारी फाउंडर्स और उनकी टीम की होती है। सलाहकारों का चयन करते समय उनकी क्षमताओं और सीमाओं का आकलन करना फाउंडर्स के लिए लाभकारी हो सकता है।

अध्याय 5
बाज़ार प्रवेश बाधाओं को पार करना

"उद्यमेन हि सिद्ध्यन्ति कार्याणि न मनोरथैः।
न हि सुप्तस्य सिंहस्य प्रविशन्ति मुखे मृगाः॥"
(पंचतंत्र)

अर्थ: प्रयास और उद्यम से ही कार्य सिद्ध होते हैं, केवल इच्छाएँ पूर्ण नहीं होतीं। जैसे सोते हुए शेर के मुँह में हिरण स्वयं प्रवेश नहीं करता।

हिंदी उद्धरण:

"जो अपने रास्ते की बाधाओं से नहीं डरते, वही सफलता के शिखर तक पहुँचते हैं।"
(संदर्भ: स्वामी विवेकानंद)

बाज़ार में प्रवेश करना किसी भी नए व्यवसाय या उत्पाद के लिए एक महत्वपूर्ण लेकिन चुनौतीपूर्ण प्रक्रिया है। यह प्रक्रिया विभिन्न बाधाओं के कारण और भी कठिन हो सकती है, जैसे प्रतिस्पर्धा, कानूनी सीमाएँ, लागत, और ग्राहकों तक पहुँच। इन बाधाओं को समझना और उनका समाधान करना व्यवसाय को सफलतापूर्वक स्थापित करने के लिए आवश्यक है।

1. बाज़ार प्रवेश बाधाएँ (Market Entry Barriers):

बाज़ार प्रवेश बाधाएँ वे चुनौतियाँ हैं जो किसी नए उत्पाद या सेवा को बाज़ार में लॉन्च करने से पहले या उसके दौरान सामने आती हैं।

मुख्य बाधाएँ और उनके समाधान:

1. उच्च प्रतिस्पर्धा (High Competition):

समस्या:

बाज़ार में पहले से स्थापित बड़े और प्रसिद्ध ब्रांड, नए व्यवसायों के लिए एक बड़ी चुनौती होते हैं।

- वे ग्राहकों का विश्वास जीत चुके होते हैं।
- उनके पास अधिक संसाधन, विस्तृत विपणन नेटवर्क, और वित्तीय ताकत होती है।
- बड़े ब्रांड्स के कारण ग्राहकों को नए उत्पादों पर भरोसा करना कठिन होता है।

उच्च प्रतिस्पर्धा के कारण:

1. पहले से मौजूद व्यवसायों का गहरा ग्राहक आधार।
2. ब्रांड की लोकप्रियता और ग्राहक विश्वास।
3. उन्नत तकनीकी और विपणन रणनीतियाँ।
4. ग्राहकों की सीमित वफादारी।

समाधान:

1. अद्वितीय बिक्री प्रस्ताव (Unique Selling Proposition - USP):

- आपका उत्पाद या सेवा ऐसा होना चाहिए जो ग्राहकों को अन्य ब्रांड्स की तुलना में अलग और बेहतर लगे।

उदाहरण:

- *बाबा रामदेव की पतंजलि:* पतंजलि ने अपने उत्पादों को "प्राकृतिक और स्वदेशी" के रूप में पेश किया, जो विदेशी कंपनियों से अलग था।

2. नवाचार (Innovation):

- अपने उत्पाद या सेवा में कुछ नया जोड़ें, जो ग्राहकों की समस्याओं को बेहतर तरीके से हल कर सके।

उदाहरण:

- *Paytm:* जब डिजिटल भुगतान प्रणाली की माँग बढ़ी, तो Paytm ने ग्राहकों को कैशलेस लेन-देन का सरल और तेज़ विकल्प दिया।

3. **लक्षित विपणन (Targeted Marketing):**

   - अपनी मार्केटिंग रणनीति को विशिष्ट ग्राहक समूहों पर केंद्रित करें।
   - सीमित बजट का उपयोग प्रभावी रूप से करें।

   उदाहरण:
   - *Zomato*: उन्होंने शुरुआती दौर में रेस्तरां प्रेमियों को लक्ष्य बनाया और विशेष ऑफर्स से अपनी पकड़ बनाई।

4. **मूल्य निर्धारण रणनीति (Pricing Strategy):**

   - प्रतिस्पर्धा को देखते हुए उत्पादों की कीमतों को प्रतिस्पर्धात्मक (Competitive) बनाएं।
   - मूल्य निर्धारण के साथ ग्राहकों को अतिरिक्त लाभ भी दें।

   उदाहरण:
   - *Jio*: भारतीय टेलीकॉम उद्योग में प्रवेश करते समय, Jio ने मुफ्त डेटा और कॉल की पेशकश की, जिससे वे एक बड़ा ग्राहक आधार बना सके।

5. **व्यक्तिगत जुड़ाव (Customer Engagement):**

   - ग्राहकों के साथ सीधा संवाद करें और उनकी समस्याओं का समाधान करें।
   - व्यक्तिगत अनुभव प्रदान करके ब्रांड वफादारी बढ़ाएँ।

उदाहरण:

- *Starbucks*: उन्होंने ग्राहकों के नाम से कप पर लिखने की प्रथा शुरू की, जिससे व्यक्तिगत जुड़ाव बढ़ा।

6. डिजिटल प्लेटफॉर्म का उपयोग (Use of Digital Platforms):

- सोशल मीडिया, डिजिटल मार्केटिंग, और ऑनलाइन विज्ञापनों के माध्यम से अपनी पहुँच बढ़ाएँ।

उदाहरण:

- *Nykaa*: उन्होंने अपने ब्रांड को डिजिटल प्लेटफ़ॉर्म पर प्रमोट किया और एक विशाल ग्राहक आधार बनाया।

7. गुणवत्ता और सेवा में सुधार (Focus on Quality And Service):

- उच्च गुणवत्ता के उत्पाद और बेहतर ग्राहक सेवा प्रदान करें।
- ग्राहकों के साथ सकारात्मक अनुभव बनाकर अपने ब्रांड को मजबूत करें।

उदाहरण:

- *Apple*: उन्होंने अपने प्रीमियम उत्पादों और उत्कृष्ट ग्राहक सेवा के माध्यम से बाजार में अपनी जगह बनाई।

निष्कर्ष:

उच्च प्रतिस्पर्धा किसी भी नए व्यवसाय के लिए चुनौतीपूर्ण हो सकती है, लेकिन सही रणनीतियों और अद्वितीय दृष्टिकोण के साथ इसे अवसर में बदला जा सकता है।

- नवाचार, ग्राहकों के साथ जुड़ाव, और गुणवत्तापूर्ण सेवा के माध्यम से एक नया व्यवसाय प्रतिस्पर्धा में सफलता प्राप्त कर सकता है।

- प्रतिस्पर्धा को डर के रूप में न देखें, बल्कि इसे अपने उत्पाद और सेवाओं को बेहतर बनाने का माध्यम बनाएं।

2. लागत बाधाएँ (Cost Barriers):

समस्या:

किसी भी नए व्यवसाय के लिए लागत बाधाएँ बड़ी चुनौती होती हैं।

- नए उत्पाद या सेवा के विकास, विपणन (Marketing), और वितरण (Distribution) में उच्च लागत आती है।

- मौजूदा प्रतियोगी (Competitors) पहले से अधिक वित्तीय संसाधनों और कम लागत वाली उत्पादन तकनीकों का उपयोग कर रहे होते हैं।

- सीमित बजट के कारण नए व्यवसाय अपने उद्देश्यों को प्रभावी रूप से पूरा नहीं कर पाते।

लागत बाधाओं के प्रमुख कारण:

1. **उत्पादन लागत (Production Costs):** कच्चा माल, मशीनरी, और श्रम के लिए अधिक धनराशि की आवश्यकता।

2. **विपणन लागत (Marketing Costs):** ब्रांड प्रचार और ग्राहक आधार बनाने के लिए बड़े निवेश की जरूरत।

3. **लॉजिस्टिक्स और वितरण (Logistics and Distribution):** उत्पाद को ग्राहकों तक पहुँचाने में लगने वाली लागत।

4. **अनुसंधान और विकास (Research and Development):** नए उत्पाद विकसित करने में खर्च।

5. **कानूनी और प्रशासनिक खर्च (Legal and Administrative Costs):** लाइसेंस, कर, और अन्य प्रक्रिया में लगने वाले धन।

समाधान:

1. **छोटे पैमाने पर शुरुआत (Start Small):**

- बड़े पैमाने पर काम शुरू करने की बजाय, छोटे स्तर पर काम करें और धीरे-धीरे विस्तार करें।

उदाहरण:

- *Flipkart*: शुरुआत में केवल किताबों की बिक्री से शुरुआत की और बाद में अन्य श्रेणियों में विस्तार किया।

2. **कम लागत वाली तकनीक अपनाना (Adopt Cost-Efficient Technology):**

- आधुनिक और किफायती तकनीकों का उपयोग करें जो उत्पादन लागत को कम करें।

उदाहरण:

- *Tesla*: इलेक्ट्रिक कार निर्माण में लागत कम करने के लिए बैटरी उत्पादन तकनीक में नवाचार किया।

3. **बाहरी निवेश प्राप्त करना (Seek External Funding):**

   - निवेशकों, वेंचर कैपिटल (Venture Capital), या बैंक से वित्तीय सहायता प्राप्त करें।
   - क्राउडफंडिंग (Crowdfunding) का भी उपयोग किया जा सकता है।

   उदाहरण:

   - *Zomato* और *Ola*: शुरुआती चरण में बड़े निवेशकों से धन प्राप्त कर अपनी सेवाओं का विस्तार किया।

4. **साझा संसाधनों का उपयोग (Shared Resources):**

   - उत्पादन और लॉजिस्टिक्स के लिए साझेदारी करें।
   - कार्यालय स्थान, उपकरण, और कर्मचारियों को साझा करने का प्रयास करें।

   उदाहरण:

   - *WeWork*: साझा कार्यक्षेत्रों के लिए समाधान प्रदान करता है, जिससे छोटे व्यवसाय लागत बचा सकते हैं।

5. **डिजिटल प्लेटफ़ॉर्म का उपयोग (Leverage Digital Platforms):**

   - भौतिक स्टोर की जगह ई-कॉमर्स और ऑनलाइन प्लेटफ़ॉर्म का उपयोग करें।
   - सोशल मीडिया और डिजिटल मार्केटिंग के माध्यम से कम लागत में ग्राहकों तक पहुँचे।

उदाहरण:

- *Nykaa:* ने अपने अधिकांश व्यवसाय को डिजिटल रखा, जिससे वे स्टोर लागत बचा सके।

6. सरकारी योजनाओं का लाभ (Utilize Government Schemes):

- सरकार द्वारा छोटे और मध्यम उद्यमों (SMEs) के लिए प्रदान की जाने वाली सब्सिडी और योजनाओं का लाभ उठाएँ।

उदाहरण:

- भारत में, प्रधानमंत्री मुद्रा योजना (PMMY) छोटे व्यवसायों को कम ब्याज दर पर ऋण प्रदान करती है।

7. लागत प्रभावी विपणन (Cost-Effective Marketing):

- सोशल मीडिया, ईमेल मार्केटिंग, और प्रभावशाली विपणन (Influencer Marketing) जैसे सस्ते तरीकों का उपयोग करें।

उदाहरण:

- *Byju's:* उन्होंने शुरुआती दिनों में डिजिटल विज्ञापन और सोशल मीडिया के माध्यम से छात्रों तक अपनी पहुँच बनाई।

व्यावहारिक उदाहरण:

1. **Swiggy:**

- शुरुआत में स्विगी ने बड़े शहरों तक सीमित रहकर लागत को नियंत्रित किया और अपने वितरण नेटवर्क को धीरे-धीरे बढ़ाया।

2. **Redbus:**

- Redbus ने केवल डिजिटल प्लेटफ़ॉर्म के माध्यम से बस टिकट बुकिंग सेवा शुरू की, जिससे भौतिक कार्यालयों की लागत बचाई।

3. **OYO Rooms:**

- उन्होंने होटल के मालिकों के साथ साझेदारी की और खुद का कोई होटल बनाने की बजाय ब्रांडिंग और सेवा पर ध्यान केंद्रित किया।

निष्कर्ष:

लागत बाधाएँ किसी भी नए व्यवसाय के लिए कठिन हो सकती हैं, लेकिन सही रणनीतियों और संसाधनों के उपयोग से इन्हें पार किया जा सकता है।

- छोटे स्तर से शुरुआत, तकनीक का उपयोग, साझेदारी, और सरकारी योजनाओं का लाभ उठाकर नए व्यवसाय अपनी लागत को नियंत्रित कर सकते हैं।

- सही दृष्टिकोण और नवाचार के साथ, लागत बाधाएँ व्यवसाय की सफलता के लिए एक प्रेरक शक्ति बन सकती हैं।

4. कानूनी और नियामक बाधाएँ (Legal and Regulatory Barriers):

किसी भी व्यवसाय को संचालित करने या विस्तार करने के दौरान कानूनी और नियामक बाधाएँ एक प्रमुख चुनौती बन सकती हैं। ये बाधाएँ सरकारी नियम, कानून, और नीतियों के रूप में होती हैं, जिन्हें व्यवसायों को पालन

करना अनिवार्य होता है। इन बाधाओं का उद्देश्य व्यवसाय संचालन को नियमन में लाना और उपभोक्ताओं, कर्मचारियों, और पर्यावरण की सुरक्षा सुनिश्चित करना होता है।

कानूनी और नियामक बाधाओं के प्रकार

1. **लाइसेंस और पंजीकरण आवश्यकताएँ:**

   किसी व्यवसाय को संचालित करने के लिए विशेष लाइसेंस या पंजीकरण की आवश्यकता हो सकती है।

   उदाहरण:
   - फूड बिजनेस ऑपरेटर्स (FBOs) के लिए भारत में FSSAI लाइसेंस अनिवार्य है।

2. **कर और कराधान कानून:**

   विभिन्न प्रकार के कर जैसे GST, कॉर्पोरेट टैक्स, या आयकर का पालन करना होता है।

   उदाहरण:
   - नई कंपनी को GST नंबर प्राप्त करना और समय पर रिटर्न दाखिल करना।

3. **रोजगार और श्रम कानून:**

   कर्मचारियों की न्यूनतम मजदूरी, काम के घंटे, सुरक्षा नियम, और श्रम कानूनों का पालन करना।

   उदाहरण:
   - फैक्ट्री एक्ट, 1948 के तहत कंपनियों को कर्मचारियों की सुरक्षा सुनिश्चित करनी होती है।

4. पर्यावरण नियम और प्रतिबंध:

व्यवसायों को पर्यावरण संबंधी कानूनों का पालन करना होता है, जैसे प्रदूषण नियंत्रण।

उदाहरण:

- निर्माण कंपनियों को पर्यावरण मंजूरी (Environmental Clearance) लेनी पड़ती है।

5. विदेशी व्यापार और निवेश नियम:

यदि व्यवसाय अंतरराष्ट्रीय स्तर पर संचालित हो रहा है, तो उसे निर्यात-आयात (EXIM) नियमों का पालन करना पड़ता है।

उदाहरण:

- विदेशी प्रत्यक्ष निवेश (FDI) की सीमाएँ और शर्तें।

6. प्रतिस्पर्धा कानून:

व्यवसायों को यह सुनिश्चित करना होता है कि उनकी प्रथाएँ प्रतिस्पर्धा-विरोधी न हों।

उदाहरण:

- भारत में, "Competition Commission of India (CCI)" प्रतिस्पर्धा कानून लागू करता है।

1. बौद्धिक संपदा अधिकार (IPR):

ब्रांड, पेटेंट, और ट्रेडमार्क के संबंध में कानूनी सुरक्षा और इनका उल्लंघन करने पर दंड।

उदाहरण:

किसी नई दवा का पेटेंट प्राप्त करने में फार्मा कंपनियों को समय और कानूनी प्रक्रियाओं का सामना करना पड़ता है।

कानूनी और नियामक बाधाओं के प्रभाव

1. **लागत में वृद्धि:**

    कानूनी अनुपालन के लिए विशेषज्ञों को नियुक्त करना और दस्तावेज़ीकरण में समय लगाना।

2. **व्यवसाय संचालन में देरी:**

    लाइसेंसिंग और स्वीकृति प्रक्रियाएँ लंबी होने के कारण व्यवसाय की शुरुआत में देरी हो सकती है।

3. **जोखिम और दंड:**

    नियमों का पालन न करने पर जुर्माना, व्यवसाय बंदी, या कानूनी कार्यवाही हो सकती है।

4. **प्रतिस्पर्धात्मक नुकसान:**

    जटिल नियामक प्रक्रियाओं के कारण नए व्यवसाय स्थापित ब्रांडों के मुकाबले पिछड़ सकते हैं।

कानूनी और नियामक बाधाओं से निपटने के उपाय

1. **कानूनी परामर्श:**

    शुरुआत में ही विशेषज्ञ वकीलों या सलाहकारों की मदद लें।

2. **नियमों की जानकारी:**

    व्यवसाय से संबंधित सभी नियमों और कानूनों को समझें और उनके अनुसार रणनीति बनाएं।

3. **डिजिटल और स्वचालित अनुपालन:**

आधुनिक सॉफ़्टवेयर और टूल्स का उपयोग करें जो कर और अन्य अनुपालनों को ट्रैक और प्रबंधित कर सकें।

4. **सार्वजनिक और निजी सहयोग:**

स्थानीय निकायों और नियामक एजेंसियों के साथ अच्छा संबंध बनाए रखें।

5. **समय पर अनुपालन:**

समय पर सभी आवश्यक फाइलिंग और दस्तावेज़ जमा करें।

निष्कर्ष

कानूनी और नियामक बाधाएँ व्यवसाय के लिए चुनौतियाँ पैदा करती हैं, लेकिन सही रणनीतियों और विशेषज्ञता के साथ इनसे निपटा जा सकता है। नियमों का पालन करना व्यवसाय की दीर्घकालिक सफलता के लिए आवश्यक है।

5. वितरण नेटवर्क की कमी (Lack of Distribution Channels):

वितरण नेटवर्क वह प्रणाली है जिसके माध्यम से उत्पाद या सेवाएँ निर्माता से उपभोक्ता तक पहुँचती हैं। इसमें थोक विक्रेता, खुदरा विक्रेता, एजेंट, और लॉजिस्टिक्स शामिल होते हैं। यदि किसी व्यवसाय में वितरण नेटवर्क की कमी होती है, तो उत्पाद उपभोक्ताओं तक प्रभावी रूप से नहीं पहुँच पाते, जिससे बिक्री और ब्रांड की उपस्थिति पर नकारात्मक प्रभाव पड़ता है।

स्टार्टअप की यात्रा: चुनौतियाँ और सफलताएं

वितरण नेटवर्क की कमी के कारण

1. नवीनता या प्रारंभिक चरण:

नए व्यवसायों को अपना वितरण नेटवर्क स्थापित करने में समय और संसाधन लगते हैं।

उदाहरण:

- एक स्टार्टअप अपने उत्पाद को छोटे शहरों तक पहुँचाने में कठिनाई का सामना कर सकता है।

2. भौगोलिक चुनौतियाँ:

दूरदराज के इलाकों में लॉजिस्टिक्स और वितरण प्रणाली स्थापित करना मुश्किल होता है।

उदाहरण:

- ग्रामीण क्षेत्रों में कंपनियों को वितरण के लिए सीमित संसाधन मिलते हैं।

3. प्रतिस्पर्धात्मक दबाव:

यदि प्रतिस्पर्धी कंपनियों का वितरण नेटवर्क मजबूत है, तो नए व्यवसाय के लिए बाजार में प्रवेश करना कठिन हो जाता है।

उदाहरण:

- बड़े ब्रांड छोटे व्यवसायों के लिए खुदरा विक्रेताओं तक पहुँच सीमित कर सकते हैं।

4. वित्तीय संसाधनों की कमी:

छोटे व्यवसायों के पास बड़े स्तर पर वितरण नेटवर्क बनाने के लिए पर्याप्त धन नहीं होता।

5. **तकनीकी अवसंरचना का अभाव:**

    आधुनिक वितरण के लिए आवश्यक तकनीकी समाधान (जैसे GPS ट्रैकिंग, इन्वेंटरी मैनेजमेंट) की कमी।

वितरण नेटवर्क की कमी के प्रभाव

1. **बिक्री में कमी:**

    उत्पाद उपभोक्ताओं तक न पहुँचने के कारण संभावित बिक्री खो जाती है।

2. **ब्रांड जागरूकता पर असर:**

    वितरण नेटवर्क की कमी से उत्पाद बाजार में दिखाई नहीं देते, जिससे ब्रांड की पहचान कमजोर होती है।

3. **उपभोक्ताओं का असंतोष:**

    यदि उत्पाद समय पर या सही जगह नहीं पहुँचते, तो उपभोक्ता ब्रांड पर भरोसा नहीं करते।

4. **बाजार हिस्सेदारी की हानि:**

    मजबूत वितरण नेटवर्क वाली कंपनियाँ बाजार पर हावी हो जाती हैं।

5. **लागत में वृद्धि:**

    वितरण की अक्षमता से उत्पाद की डिलीवरी महंगी हो जाती है।

वितरण नेटवर्क की कमी के समाधान

1. **थर्ड-पार्टी लॉजिस्टिक्स का उपयोग करें:**

    कंपनियाँ लॉजिस्टिक्स और सप्लाई चेन मैनेजमेंट के लिए विशेषज्ञ कंपनियों से साझेदारी कर सकती हैं।

स्टार्टअप की यात्रा: चुनौतियाँ और सफलताएं

उदाहरण:

- अमेज़न ने भारत में छोटे विक्रेताओं के लिए "अमेज़न डिलीवरी सर्विस" शुरू की।

2. **स्थानीय साझेदारी:**

    क्षेत्रीय थोक विक्रेताओं या वितरकों के साथ साझेदारी कर वितरण को आसान बनाना।

उदाहरण:

- फास्ट मूविंग कंज्यूमर गुड्स (FMCG) कंपनियाँ छोटे खुदरा विक्रेताओं के साथ काम करती हैं।

3. **डिजिटल प्लेटफॉर्म का उपयोग:**

    ऑनलाइन चैनलों के माध्यम से वितरण में सुधार किया जा सकता है।

उदाहरण:

- D2C (Direct-to-Consumer) मॉडल के तहत कंपनियाँ अपनी वेबसाइट से सीधे बिक्री करती हैं।

4. **लॉजिस्टिक्स और परिवहन में निवेश:**

    अपने वितरण चैनल को मजबूत करने के लिए परिवहन और भंडारण सुविधाओं में निवेश करें।

5. **रिवर्स लॉजिस्टिक्स:**

    ग्राहकों से वापस आने वाले उत्पादों को प्रबंधित करने के लिए एक प्रभावी प्रणाली बनाना।

6. **स्थानीय बाजार में घुसपैठ:**

    छोटे और ग्रामीण बाजारों के लिए उत्पादों को पहुँचाने के लिए क्षेत्रीय डिस्ट्रीब्यूटर्स को नियुक्त करें।

वितरण नेटवर्क की कमी के उदाहरण

1. **पैटनजलि:**

    प्रारंभ में पतंजलि ने भारत के ग्रामीण और छोटे कस्बों में वितरण नेटवर्क विकसित करने के लिए संघर्ष किया। बाद में कंपनी ने थोक वितरकों और खुदरा विक्रेताओं का मजबूत नेटवर्क तैयार किया।

2. **एप्पल:**

    भारत में लंबे समय तक एप्पल का वितरण नेटवर्क सीमित था, जिसके कारण कंपनी को छोटे शहरों में अपने उत्पाद बेचने में मुश्किलें हुईं। अब उन्होंने स्थानीय डिस्ट्रीब्यूटर्स और ऑनलाइन चैनलों का उपयोग करना शुरू किया है।

3. **स्टार्टअप्स:**

    कई छोटे व्यवसाय जैसे कि बुटीक ब्रांड या नए उत्पाद निर्माताओं को वितरण नेटवर्क की कमी के कारण बड़े ब्रांड्स के मुकाबले बाजार में जगह बनाने में समस्या होती है।

4. **इ-कॉमर्स का लाभ:**

    अमेज़न और फ्लिपकार्ट जैसे प्लेटफॉर्म का उपयोग कई छोटे व्यवसाय अपने वितरण नेटवर्क की कमी को पूरा करने के लिए कर रहे हैं।

निष्कर्ष

वितरण नेटवर्क की कमी व्यवसायों के लिए एक बड़ी बाधा हो सकती है, लेकिन सही रणनीतियों और तकनीकों के माध्यम से इसे हल किया जा सकता है। वितरण प्रणाली को मजबूत करना न केवल बिक्री बढ़ाने में मदद करता है बल्कि उपभोक्ताओं के साथ विश्वास और जुड़ाव भी बढ़ाता है।

6. ग्राहक विश्वास की कमी (Lack of Customer Trust):

ग्राहक विश्वास किसी भी व्यवसाय की सफलता के लिए सबसे महत्वपूर्ण तत्वों में से एक है। जब उपभोक्ता किसी ब्रांड, उसके उत्पादों या सेवाओं पर विश्वास नहीं करते, तो वे उसे अपनाने से कतराते हैं। यह स्थिति विशेष रूप से नए व्यवसायों या उन कंपनियों के लिए होती है जो ग्राहकों के साथ प्रभावी रूप से जुड़ने में असफल रहती हैं।

ग्राहक विश्वास की कमी के कारण

1. **गुणवत्ता में असंगति:**

    उत्पाद या सेवाओं की गुणवत्ता में लगातार कमी ग्राहकों का भरोसा तोड़ सकती है।

    उदाहरण:

    - अगर एक ऑनलाइन प्लेटफ़ॉर्म पर खरीदा गया उत्पाद खराब गुणवत्ता का हो, तो ग्राहक दोबारा खरीदारी नहीं करेगा।

1. **असंतोषजनक ग्राहक सेवा:**

    जब ग्राहक की समस्याओं का समाधान समय पर नहीं होता, तो वे ब्रांड पर विश्वास खो देते हैं।

उदाहरण:

- यदि किसी ग्राहक का रिटर्न अनुरोध बार-बार अस्वीकार किया जाता है।

2. पारदर्शिता की कमी:

ब्रांड अगर अपने उत्पादों, सेवाओं, या नीतियों के बारे में पारदर्शी नहीं होता, तो ग्राहक उस पर भरोसा नहीं करते।

उदाहरण:

- कुछ फूड ब्रांड सामग्री या उत्पादन प्रक्रिया के बारे में गलत जानकारी देते हैं, जिससे ग्राहक भ्रमित हो जाते हैं।

3. नकारात्मक समीक्षाएँ और अनुभव:

ग्राहकों के बीच ब्रांड के बारे में नकारात्मक समीक्षाएँ या अनुभव विश्वास की कमी का मुख्य कारण बनते हैं।

उदाहरण:

सोशल मीडिया पर खराब समीक्षाएँ एक बड़े ग्राहक समूह को प्रभावित कर सकती हैं।

4. ब्रांड की पहचान का अभाव:

अगर ब्रांड नई है और ग्राहकों के बीच उसकी कोई पहचान नहीं है, तो उपभोक्ता उसे अपनाने में संकोच कर सकते हैं।

उदाहरण:

- एक नया टेक स्टार्टअप अपनी सेवाओं को स्थापित ब्रांड्स की तुलना में कम विश्वास के साथ शुरू करता है।

स्टार्टअप की यात्रा: चुनौतियाँ और सफलताएं

2. **डिलीवरी और प्रदर्शन में अंतर:**

जब ब्रांड के वादे और वास्तविक प्रदर्शन में अंतर होता है, तो ग्राहक भरोसा खो देते हैं।

उदाहरण:

- यदि ऑनलाइन ऑर्डर किए गए उत्पाद की डिलीवरी देर से होती है या यह विज्ञापित विवरण से अलग होता है।

ग्राहक विश्वास बनाने के उपाय

1. **गुणवत्ता में सुधार:**

   उत्पादों और सेवाओं की गुणवत्ता को प्राथमिकता दें और सुनिश्चित करें कि यह ग्राहकों की अपेक्षाओं को पूरा करती है।

2. **पारदर्शिता बनाए रखें:**

   अपनी नीतियों, प्रक्रियाओं, और उत्पाद विवरणों के बारे में ईमानदार और पारदर्शी रहें।

उदाहरण:

- ब्रांड्स सामग्री की पूरी सूची, स्रोत और निर्माण प्रक्रिया साझा कर सकते हैं।

3. **संतोषजनक ग्राहक सेवा:**

   ग्राहकों की शिकायतों का समय पर समाधान करें और उन्हें प्राथमिकता दें।

उदाहरण:

- अमेज़न जैसी कंपनियाँ 24/7 ग्राहक सहायता प्रदान करती हैं।

4. सकारात्मक समीक्षाओं को प्रोत्साहित करें:

संतुष्ट ग्राहकों से ईमानदार समीक्षाएँ साझा करने के लिए कहें। इससे नए ग्राहकों को प्रेरणा मिलती है।

5. ब्रांड पहचान मजबूत करें:

नियमित मार्केटिंग, विज्ञापन, और सामाजिक कार्यक्रमों के माध्यम से ब्रांड की उपस्थिति को बढ़ाएँ।

उदाहरण:

- टेस्ला ने स्थायित्व और इनोवेशन को अपनी पहचान बनाया।

6. डिलीवरी और वादों पर खरा उतरें:

जो भी वादा किया जाए, उसे समय पर पूरा करें।

उदाहरण:

- फ्लिपकार्ट की "गैरेन्टीड डिलीवरी" स्कीम ने ग्राहकों का भरोसा बढ़ाया।

7. ग्राहकों से संवाद करें:

नियमित ईमेल, सोशल मीडिया, और व्यक्तिगत इंटरैक्शन के माध्यम से ग्राहकों से जुड़े रहें।

8. डेटा सुरक्षा और गोपनीयता सुनिश्चित करें:

ग्राहकों की व्यक्तिगत जानकारी को सुरक्षित रखने के लिए मजबूत नीतियाँ लागू करें।

उदाहरण:

- पेपाल जैसी कंपनियाँ अपने डेटा सुरक्षा उपायों को खुलकर साझा करती हैं।

ग्राहक विश्वास से जुड़े उदाहरण

1. **अमेज़न:**

    अमेज़न की "नो-क्वेश्चन रिटर्न पॉलिसी" ने ग्राहकों के बीच ब्रांड पर भरोसा बढ़ाया है।

2. **जॉनसन एंड जॉनसन:**

    1982 में टाइलेनॉल संकट के दौरान कंपनी ने उत्पादों को बाजार से वापस लेकर अपनी पारदर्शिता और ईमानदारी से ग्राहक विश्वास अर्जित किया।

3. **पेप्सिको:**

    अपने उत्पादों में चीनी की मात्रा और सामग्री के बारे में पारदर्शी होने से ग्राहकों का विश्वास बढ़ा।

4. **नोकिया:**

    गुणवत्ता में लगातार सुधार न करने और बदलते बाजार की अपेक्षाओं को पूरा न करने के कारण नोकिया ने ग्राहक विश्वास खो दिया।

निष्कर्ष

ग्राहक विश्वास किसी भी व्यवसाय के लिए दीर्घकालिक सफलता का आधार है। गुणवत्ता, पारदर्शिता, और ग्राहक सेवा में उत्कृष्टता लाकर इसे स्थापित किया जा सकता है। ब्रांड्स को यह समझना होगा कि एक बार

खोया हुआ ग्राहक विश्वास दोबारा अर्जित करना मुश्किल होता है, इसलिए यह सुनिश्चित करना ज़रूरी है कि हर ग्राहक अनुभव सकारात्मक हो।

7. तकनीकी ज्ञान की कमी (Lack of Technical Expertise):

तकनीकी ज्ञान की कमी का मतलब है कि व्यवसाय या व्यक्तियों में आवश्यक कौशल, जानकारी, या अनुभव का अभाव है जो उत्पाद, सेवा, या संचालन में नवीनतम तकनीकों का कुशलतापूर्वक उपयोग करने के लिए आवश्यक होता है। यह कमी व्यवसाय की दक्षता, प्रतिस्पर्धा, और नवाचार क्षमता को प्रभावित करती है।

तकनीकी ज्ञान की कमी के कारण

1. **शिक्षा और प्रशिक्षण का अभाव:**

   नए तकनीकी उपकरणों या सॉफ्टवेयर के बारे में सही प्रशिक्षण न होना।

   उदाहरण:

   - छोटे व्यवसायों में ERP (Enterprise Resource Planning) सिस्टम को समझने वाले प्रशिक्षित कर्मचारी नहीं होते।

2. **तेजी से बदलती प्रौद्योगिकी:**

   नई तकनीकों को सीखने और अपनाने की गति धीमी होने से व्यवसाय पीछे रह जाते हैं।

स्टार्टअप की यात्रा: चुनौतियाँ और सफलताएं

उदाहरण:

AI और मशीन लर्निंग जैसी तकनीकों को कई उद्योगों ने अपनाया है, लेकिन कुछ कंपनियाँ इसे अपनाने में संघर्ष कर रही हैं।

3. वित्तीय बाधाएँ:

सीमित बजट के कारण व्यवसाय तकनीकी ज्ञान प्राप्त करने के लिए प्रशिक्षकों या विशेषज्ञों को नहीं रख पाते।

4. तकनीकी संसाधनों की कमी:

आवश्यक उपकरण और सॉफ्टवेयर न होने से कर्मचारियों का कौशल अधूरा रह जाता है।

उदाहरण:

- ग्रामीण क्षेत्रों में तकनीकी प्रशिक्षण केंद्रों का अभाव।

5. अभिनव दृष्टिकोण की कमी:

संगठन तकनीक को प्राथमिकता नहीं देते या इसे निवेश के योग्य नहीं समझते।

तकनीकी ज्ञान की कमी के प्रभाव

1. उत्पादकता में कमी:

कर्मचारियों द्वारा तकनीक का सही उपयोग न करने से कार्यों में देरी होती है।

उदाहरण:

- यदि कर्मचारी आधुनिक प्रोजेक्ट मैनेजमेंट सॉफ्टवेयर का उपयोग नहीं कर पाते, तो परियोजनाएँ समय पर पूरी नहीं होतीं।

2. **प्रतिस्पर्धा में पिछड़ना:**

   जिन कंपनियों के पास नवीनतम तकनीक का ज्ञान है, वे बाजार में बेहतर प्रदर्शन करती हैं।

उदाहरण:

डिजिटल मार्केटिंग के अभाव में परंपरागत मार्केटिंग अपनाने वाली कंपनियाँ पिछड़ जाती हैं।

3. **लागत में वृद्धि:**

   पुरानी तकनीकों पर निर्भर रहने से परिचालन खर्च बढ़ता है।

उदाहरण:

- आधुनिक ऑटोमेशन के बजाय मैनुअल प्रोसेस का उपयोग।

4. **नवाचार क्षमता का ह्रास:**

   तकनीकी विशेषज्ञता के बिना नई प्रक्रियाएं या उत्पाद विकसित करना मुश्किल हो जाता है।

5. **ग्राहक अनुभव पर असर:**

   तकनीकी ज्ञान की कमी के कारण ग्राहक सेवा में देरी या खराबी हो सकती है।

उदाहरण:

चैटबॉट्स या CRM सिस्टम के अभाव में ग्राहक अनुरोधों का धीमा समाधान।

तकनीकी ज्ञान की कमी के उदाहरण

1. **ब्लॉकबस्टर बनाम नेटफ्लिक्स:**

   ब्लॉकबस्टर डिजिटल स्ट्रीमिंग तकनीक को अपनाने में विफल रहा, जबकि नेटफ्लिक्स ने इसे तेजी से अपनाया और बाजार पर कब्जा कर लिया।

2. **छोटे खुदरा विक्रेता:**

   कई छोटे रिटेलर्स डिजिटल भुगतान और ऑनलाइन बिक्री को समझने और अपनाने में असफल रहे, जिससे वे बड़े ऑनलाइन प्लेटफार्मों जैसे Amazon और Flipkart से पीछे रह गए।

3. **कोडिंग और सॉफ्टवेयर कंपनियाँ:**

   जो कंपनियाँ AI और मशीन लर्निंग जैसी आधुनिक तकनीकों को नहीं अपनातीं, वे टेक उद्योग में प्रतिस्पर्धा से बाहर हो जाती हैं।

4. **परंपरागत बैंकिंग सेक्टर:**

   कई बैंक जो डिजिटल बैंकिंग सेवाओं को लागू करने में धीमे रहे, वे फिनटेक स्टार्टअप्स जैसे Paytm और PhonePe से पिछड़ गए।

निष्कर्ष

तकनीकी ज्ञान की कमी किसी भी व्यवसाय के विकास और सफलता में बड़ी बाधा बन सकती है। इसे दूर करने के लिए व्यवसायों को तकनीकी प्रशिक्षण, डिजिटल संसाधनों का उपयोग, और विशेषज्ञों की सहायता लेनी चाहिए। सही दृष्टिकोण और निवेश से व्यवसाय तकनीकी प्रतिस्पर्धा में आगे बढ़ सकते हैं।

बाज़ार प्रवेश में बाधाओं को पार करने की रणनीतियाँ (Strategies to Overcome Market Entry Barriers):

बाज़ार में प्रवेश के दौरान विभिन्न बाधाएँ (जैसे कि प्रतिस्पर्धा, वितरण नेटवर्क की कमी, ब्रांड मान्यता की कमी, कानूनी और तकनीकी चुनौतियाँ) सामने आती हैं। इन बाधाओं को पार करने के लिए रणनीतिक दृष्टिकोण अपनाना आवश्यक है। सही रणनीतियाँ न केवल बाजार में प्रवेश को सफल बनाती हैं, बल्कि व्यवसाय को दीर्घकालिक प्रतिस्पर्धात्मक लाभ भी प्रदान करती हैं।

प्रमुख रणनीतियाँ और उनके उदाहरण

1. 1. **उत्पाद में भिन्नता (Product Differentiation):**

    - **रणनीति:**

        अपने उत्पाद या सेवा को अनोखा बनाकर बाजार में प्रवेश करें। यह गुणवत्ता, डिज़ाइन, मूल्य या नवीन विशेषताओं पर आधारित हो सकता है।

उदाहरण:

- *टेस्ला* ने इलेक्ट्रिक वाहनों में लंबी बैटरी लाइफ और उच्च प्रदर्शन के माध्यम से खुद को अलग किया।
- *डायसन* ने अपने प्रीमियम और डिज़ाइन-फोकस्ड वैक्यूम क्लीनर के माध्यम से एक अनूठी पहचान बनाई।

2. **स्थानीय साझेदारी (Local Partnerships):**

- **रणनीति:**

  बाजार में पहले से स्थापित कंपनियों, थोक विक्रेताओं, या खुदरा विक्रेताओं के साथ साझेदारी करें।

उदाहरण:

- डोमिनोज़ पिज्जा ने भारत में अपने वितरण को मजबूत करने के लिए स्थानीय आपूर्ति श्रृंखला का निर्माण किया।
- नेटफ्लिक्स ने कई देशों में स्थानीय प्रोडक्शन हाउस के साथ साझेदारी कर कंटेंट तैयार किया।

3. **डिजिटल प्लेटफॉर्म और ई-कॉमर्स का उपयोग (Leverage Digital and E-Commerce Platforms):**

- **रणनीति:**

  ऑनलाइन चैनलों के माध्यम से उपभोक्ताओं तक पहुँचें और वितरण नेटवर्क की बाधाओं को दूर करें।

उदाहरण:

- नाइका ने भारत में ब्यूटी प्रोडक्ट्स के लिए एक ऑनलाइन प्लेटफॉर्म बनाकर बाज़ार में प्रवेश किया।
- अमेज़न ने स्थानीय विक्रेताओं को अपने प्लेटफॉर्म पर जोड़कर छोटे बाजारों में अपनी उपस्थिति बनाई।

4. **प्रतिस्पर्धात्मक मूल्य निर्धारण (Competitive Pricing):**
   - **रणनीति:**

   बाजार में प्रवेश करने के लिए शुरुआती चरणों में कम कीमतें निर्धारित करें या प्रचारक छूट प्रदान करें।

   उदाहरण:
   - जियो ने भारत में सस्ते डेटा और फ्री कॉलिंग की पेशकश कर टेलीकॉम बाजार पर कब्जा कर लिया।
   - शेओमी (Xiaomi) ने किफायती स्मार्टफोन पेश कर भारतीय बाजार में अपनी जगह बनाई।

5. **ब्रांड जागरूकता बढ़ाना (Brand Awareness Campaigns):**
   - **रणनीति:**

   उपभोक्ताओं के बीच ब्रांड की पहचान बढ़ाने के लिए मार्केटिंग और विज्ञापन अभियान चलाएँ।

   उदाहरण:
   - फेयर एंड लवली ने विज्ञापनों के माध्यम से ब्रांड जागरूकता बनाई।

स्टार्टअप की यात्रा: चुनौतियाँ और सफलताएं

- कोका-कोला ने बड़े पैमाने पर विज्ञापन अभियान चलाकर भारत में अपनी पहुँच बढ़ाई।

6. **स्थानीयकरण (Localization):**

- **रणनीति:**

    उत्पादों और सेवाओं को स्थानीय उपभोक्ताओं की प्राथमिकताओं और संस्कृति के अनुसार अनुकूलित करें।

उदाहरण:

- मैकडॉनल्ड्स ने भारत में शाकाहारी और स्थानीय स्वाद के अनुरूप मेनू पेश किया।

- *नेटफ्लिक्स* ने भारतीय दर्शकों के लिए हिंदी और क्षेत्रीय भाषाओं में सामग्री बनाई।

7. **तकनीकी नवाचार (Technological Innovation):**

- **रणनीति:**
- उत्पादों और सेवाओं में नवीनतम तकनीकों का उपयोग कर अपनी प्रतिस्पर्धात्मकता बढ़ाएँ।

उदाहरण:

- *एप्पल* ने अपने उत्पादों में उच्च तकनीकी मानकों और डिज़ाइन नवाचार के माध्यम से बाजार में जगह बनाई।

- *गूगल पे* ने तेज और सरल पेमेंट प्रक्रिया के माध्यम से भारतीय फिनटेक बाजार में प्रवेश किया।

8. कानूनी और नियामक आवश्यकताओं का पालन (Compliance with Legal and Regulatory Requirements):

- **रणनीति:**

  स्थानीय बाजार के नियमों और कानूनों को समझें और उनका पालन करें।

उदाहरण:

- *उबर* ने कई देशों में अपनी सेवाओं को कानूनी रूप से वैध बनाने के लिए स्थानीय परिवहन नियमों को अपनाया।
- *फूड डिलीवरी प्लेटफॉर्म्स* ने FSSAI लाइसेंस और स्वास्थ्य मानकों का पालन किया।

9. बाजार अनुसंधान और रणनीतिक योजना (Market Research and Strategic Planning):

- **रणनीति:**

  बाजार की गहन समझ प्राप्त करें और उसके अनुसार अपने उत्पाद और सेवाओं की रणनीति बनाएँ।

उदाहरण:

- *पेप्सिको* ने भारतीय उपभोक्ताओं के लिए स्नैक्स के क्षेत्र में स्थानीय स्वाद पेश किए।
- *ओला कैब्स* ने विभिन्न शहरों की ज़रूरतों को समझते हुए किफायती परिवहन सेवाएँ शुरू कीं।

10. थर्ड-पार्टी लॉजिस्टिक्स (3PL) का उपयोग:

- **रणनीति:**

  बाहरी वितरण और लॉजिस्टिक्स प्रदाताओं के माध्यम से सप्लाई चेन की बाधाओं को हल करें।

उदाहरण:

- *फ्लिपकार्ट* ने दूरदराज के क्षेत्रों में डिलीवरी सुनिश्चित करने के लिए थर्ड-पार्टी लॉजिस्टिक्स कंपनियों से साझेदारी की।

- *ज़ोमैटो* ने छोटे रेस्तरां तक पहुँचने के लिए व्यापक डिलीवरी नेटवर्क तैयार किया।

11. ग्राहक केंद्रित दृष्टिकोण (Customer-Centric Approach):

- **रणनीति:**

  ग्राहक की ज़रूरतों और प्राथमिकताओं को समझकर उन्हें केंद्र में रखें।

उदाहरण:

- *एयरबीएनबी* ने उपभोक्ताओं के लिए किफायती और अनुकूलन योग्य आवास विकल्प पेश किए।

- *नायका* ने ग्राहकों के लिए परामर्श और ट्यूटोरियल वीडियो जैसे इंटरैक्टिव विकल्प पेश किए।

अध्याय निष्कर्ष:

बाज़ार प्रवेश बाधाएँ किसी भी नए व्यवसाय के लिए सामान्य हैं, लेकिन सही दृष्टिकोण और रणनीतियों के साथ इन्हें पार किया जा सकता है।

- नवाचार, ग्राहकों पर ध्यान केंद्रित करना, और प्रभावी योजना बनाना व्यवसाय को सफलता की ओर ले जा सकता है।

- प्रत्येक बाधा को समझना और उसके अनुसार समाधान लागू करना नए व्यवसाय के लिए दीर्घकालिक सफलता सुनिश्चित करता है।

उदाहरण से सीखें, योजनाबद्ध तरीके से आगे बढ़ें, और अपने व्यवसाय को बाज़ार में मजबूत बनाएँ।

अध्याय 6
बजट में मार्केटिंग और ब्रांडिंग

संस्कृत श्लोक:

"यथा क्षमा शोभते सौम्ये, तथा अर्थः शोभते योजने।"

(जैसे सौम्यता में क्षमा शोभा देती है, वैसे ही सही योजना में धन शोभा पाता है।)

संदर्भ: भारतीय नीति शास्त्र

हिंदी उद्धरण:

"छोटे साधनों से बड़े लक्ष्य तब ही संभव हैं जब योजना बड़ी हो।"

अज्ञात

मार्केटिंग और ब्रांडिंग किसी भी व्यवसाय की सफलता के लिए महत्वपूर्ण हैं। लेकिन यदि आपके पास सीमित बजट है, तो भी आप रचनात्मक और प्रभावी तरीकों का उपयोग करके अपने उत्पाद या सेवा को बाजार में प्रभावी रूप से प्रस्तुत कर सकते हैं। इस अध्याय में, हम कम लागत में प्रभावी मार्केटिंग और ब्रांडिंग की रणनीतियों के बारे में विस्तार से चर्चा करेंगे।

मार्केटिंग और ब्रांडिंग का महत्व व्यवसाय की सफलता के लिए अत्यधिक महत्वपूर्ण है क्योंकि ये किसी भी उत्पाद या सेवा को सही तरीके से उपभोक्ताओं तक पहुंचाने और उन्हें आकर्षित करने में मदद करते हैं। आइए इसे विस्तार से समझते हैं:

मार्केटिंग का महत्व

मार्केटिंग वह प्रक्रिया है जिसके माध्यम से किसी उत्पाद या सेवा को ग्राहकों तक पहुंचाने के लिए उसकी योजना, प्रचार, मूल्य निर्धारण और वितरण किया जाता है।

1. **ग्राहकों की जरूरतों को समझना:**

   - मार्केटिंग रिसर्च के माध्यम से यह पता लगाया जाता है कि उपभोक्ता की क्या आवश्यकताएं और इच्छाएं हैं।

   - इससे व्यवसाय सही उत्पाद विकसित कर सकता है।

2. **बाजार में पहचान बनाना:**

   - एक अच्छा मार्केटिंग अभियान व्यवसाय को प्रतिस्पर्धा में अलग पहचान दिलाने में मदद करता है।

- यह ग्राहकों को यह बताने में मदद करता है कि आपका उत्पाद या सेवा दूसरों से बेहतर क्यों है।

3. **बिक्री बढ़ाना:**

- मार्केटिंग अभियानों के माध्यम से उत्पाद की मांग बढ़ती है, जिससे बिक्री और राजस्व में इजाफा होता है।

4. **ग्राहक के साथ संबंध बनाना:**

- सही मार्केटिंग रणनीतियों से ग्राहक और ब्रांड के बीच विश्वास और लॉयल्टी बढ़ती है।
- लंबी अवधि के लिए ग्राहक को बनाए रखना संभव होता है।

5. **बाजार का विस्तार करना:**

- प्रभावी मार्केटिंग से आप नए बाजारों में प्रवेश कर सकते हैं और अपनी ग्राहक संख्या बढ़ा सकते हैं।

ब्रांडिंग का महत्व

ब्रांडिंग का अर्थ है किसी उत्पाद, सेवा, या कंपनी को विशिष्ट पहचान देना ताकि वह उपभोक्ताओं के मन में स्थायी छाप छोड़ सके।

1. **पहचान और अलगाव:**

- ब्रांडिंग से आपके उत्पाद या सेवा को अन्य प्रतिस्पर्धियों से अलग पहचान मिलती है।
- एक मजबूत ब्रांड पहचान उपभोक्ताओं को बार-बार आपकी सेवा या उत्पाद को चुनने के लिए प्रेरित करती है।

2. उपभोक्ता विश्वास और वफादारी:

- एक विश्वसनीय ब्रांड उपभोक्ताओं के मन में भरोसा पैदा करता है।
- ब्रांड वफादारी से ग्राहक बार-बार आपकी सेवाओं का उपयोग करते हैं।

3. भावनात्मक जुड़ाव:

- प्रभावी ब्रांडिंग ग्राहकों के साथ भावनात्मक संबंध बनाती है।
- जैसे, Apple का उपयोग करने वाले ग्राहक सिर्फ उत्पाद नहीं खरीदते, वे एक अनुभव खरीदते हैं।

4. बाजार में प्रीमियम स्थिति:

- एक मजबूत ब्रांड प्रीमियम मूल्य निर्धारण को संभव बनाता है।
- लोग आपके ब्रांड की गुणवत्ता के लिए अधिक भुगतान करने को तैयार होते हैं।

5. नए उत्पादों की स्वीकृति:

- एक मजबूत ब्रांड की छत्रछाया में नए उत्पाद लॉन्च करना आसान होता है।
- ग्राहक नए उत्पाद को तेजी से अपनाते हैं क्योंकि उन्हें ब्रांड पर भरोसा होता है।

मार्केटिंग और ब्रांडिंग के सामूहिक लाभ

1. **व्यवसाय का विकास:**

- सही मार्केटिंग और ब्रांडिंग रणनीतियों से न केवल उत्पाद बिकते हैं, बल्कि कंपनी की प्रतिष्ठा भी बढ़ती है।
- यह दीर्घकालिक विकास और सफलता सुनिश्चित करता है।

2. **प्रतिस्पर्धा में बढ़त:**

- एक प्रभावी ब्रांडिंग और मार्केटिंग रणनीति से आप अपने प्रतिस्पर्धियों पर बढ़त हासिल कर सकते हैं।

3. **नवीनता को प्रोत्साहन:**

- मार्केटिंग अनुसंधान और उपभोक्ता प्रतिक्रिया के माध्यम से, कंपनियां अपने उत्पादों और सेवाओं को लगातार बेहतर बनाती हैं।

4. **ग्राहकों के साथ दीर्घकालिक संबंध:**

- ब्रांड की निरंतरता और मार्केटिंग संचार ग्राहकों के साथ स्थायी संबंध बनाने में मदद करता है।

निष्कर्ष

मार्केटिंग और ब्रांडिंग एक-दूसरे के पूरक हैं। मार्केटिंग आपके उत्पाद को बेचने की कला है, जबकि ब्रांडिंग आपके उत्पाद की पहचान बनाने की प्रक्रिया है। यदि व्यवसाय को दीर्घकालिक सफलता प्राप्त करनी है, तो इसे मार्केटिंग और ब्रांडिंग में समान रूप से निवेश करना चाहिए। यह न केवल

आपकी बिक्री बढ़ाने में मदद करेगा, बल्कि आपकी कंपनी को उपभोक्ताओं के दिलों में एक विशेष स्थान भी दिलाएगा।

बजट में मार्केटिंग और ब्रांडिंग को प्रभावी बनाने के लिए रचनात्मक और रणनीतिक दृष्टिकोण अपनाना आवश्यक है। सीमित संसाधनों में भी, सही तकनीकों का उपयोग करके आप अपने व्यवसाय की पहचान और पहुंच बढ़ा सकते हैं। यहाँ बजट में मार्केटिंग और ब्रांडिंग के प्रमुख तरीकों और उनके उदाहरणों पर विस्तार से चर्चा की गई है:

1. सोशल मीडिया मार्केटिंग

सोशल मीडिया प्लेटफॉर्म्स जैसे फेसबुक, इंस्टाग्राम, ट्विटर, और लिंक्डइन का उपयोग करना कम लागत वाला और प्रभावी तरीका है।

- **कैसे करें:**

  - आकर्षक ग्राफिक्स, वीडियो, और पोस्ट तैयार करें।
  - नियमित रूप से अपनी सेवाओं, ऑफ़र्स और उत्पादों के बारे में पोस्ट करें।
  - उपयोगकर्ता की भागीदारी के लिए क्विज़, पोल, और गिवअवे आयोजित करें।

  उदाहरण:

  - एक छोटे कैफे ने इंस्टाग्राम पर अपने नए मेनू के बारे में पोस्ट की और एक प्रतियोगिता चलाई: "हमारे पेज को फॉलो करें और दोस्तों को टैग करें, फ्री डिश जीतें!" इसने कम लागत में कैफे को अधिक लोगों तक पहुंचने में मदद की।

2. कंटेंट मार्केटिंग (ब्लॉग और वीडियो)

अच्छी गुणवत्ता का कंटेंट बनाना आपके ब्रांड को ज्ञानवान और भरोसेमंद दिखाता है।

- **कैसे करें:**
  - अपनी वेबसाइट पर नियमित ब्लॉग पोस्ट करें जो आपकी सेवाओं से संबंधित समस्याओं को हल करें।
  - यूट्यूब पर डेमो वीडियो, FAQs, और "How-to" वीडियो बनाएं।

उदाहरण:
- एक फ्रीलांस ग्राफिक डिजाइनर ने "ब्रांड लोगो डिजाइन के टिप्स" पर ब्लॉग पोस्ट किया और यूट्यूब पर मुफ्त डिजाइन टिप्स साझा किए। इससे उन्हें नए ग्राहक मिले।

3. ईमेल मार्केटिंग

ईमेल मार्केटिंग बजट में मार्केटिंग का प्रभावी तरीका है, जिससे आप अपने मौजूदा और संभावित ग्राहकों से जुड़े रह सकते हैं।

- **कैसे करें:**
  - मेलचिम्प जैसी मुफ्त ईमेल टूल्स का उपयोग करें।
  - ईमेल में आकर्षक हेडलाइंस और ऑफर शामिल करें।
  - ग्राहकों को नियमित न्यूज़लेटर भेजें।

उदाहरण:

- एक स्थानीय फिटनेस सेंटर ने "पहले महीने की फीस पर 50% की छूट" का ऑफर ईमेल के माध्यम से प्रचारित किया, जिससे उनकी मेंबरशिप तेजी से बढ़ी।

4. वर्ड-ऑफ-माउथ मार्केटिंग

संतुष्ट ग्राहक आपके ब्रांड का सबसे सशक्त प्रचारक बन सकते हैं।

- **कैसे करें:**

  - ग्राहकों को अच्छा अनुभव दें।
  - रेफरल प्रोग्राम लॉन्च करें: मौजूदा ग्राहक जो नए ग्राहकों को लाएं, उन्हें विशेष छूट या रिवॉर्ड दें।

उदाहरण:

- एक छोटे बुटीक ने "हर नए ग्राहक को रेफर करने पर 10% की छूट" का प्रस्ताव रखा। इससे उनकी बिक्री दोगुनी हो गई।

5. लोकल इवेंट्स और पार्टनरशिप्स

स्थानीय समुदायों में शामिल होना आपके ब्रांड की पहुंच बढ़ा सकता है।

- **कैसे करें:**

  - स्थानीय आयोजनों में भाग लें या स्पॉन्सर करें।
  - छोटे व्यवसायों के साथ सहयोग करें और क्रॉस-प्रमोशन करें।

उदाहरण:

- एक बेकरी ने स्कूल की फंडरेजिंग इवेंट के लिए मुफ्त स्नैक्स दिए, जिससे उन्होंने समुदाय में पहचान बनाई।

6. गूगल माय बिजनेस का उपयोग

गूगल पर अपनी उपस्थिति सुनिश्चित करना एक सस्ता और प्रभावी तरीका है।

- **कैसे करें:**

  - अपनी गूगल माय बिजनेस प्रोफाइल बनाएं और उसे नियमित रूप से अपडेट करें।

  - ग्राहक समीक्षाओं के लिए प्रोत्साहित करें।

उदाहरण:

- एक स्थानीय इलेक्ट्रॉनिक्स शॉप ने गूगल पर सकारात्मक समीक्षाओं के माध्यम से अपनी रैंकिंग बढ़ाई, जिससे उनकी बिक्री में इज़ाफ़ा हुआ।

7. इंफ्लुएंसर मार्केटिंग (माइक्रो-इंफ्लुएंसर के साथ)

माइक्रो-इंफ्लुएंसर को शामिल करना सस्ता और प्रभावी हो सकता है।

- **कैसे करें:**

  - छोटे लेकिन प्रभावशाली इंस्टाग्राम या यूट्यूब इंफ्लुएंसर से संपर्क करें।

- उन्हें अपने उत्पाद या सेवा की समीक्षा करने के लिए कहें।

उदाहरण:

- एक स्किनकेयर ब्रांड ने स्थानीय ब्यूटी ब्लॉगर्स को अपने उत्पाद भेजे, जिससे उन्हें फॉलोअर्स के बीच लोकप्रियता मिली।

8. DIY ग्राफिक्स और मार्केटिंग मटेरियल्स

डिजाइनिंग सॉफ़्टवेयर और मुफ्त टूल का उपयोग करके खुद ही आकर्षक सामग्री बनाएं।

- **कैसे करें:**

- Canva और Adobe Express जैसे प्लेटफ़ॉर्म का उपयोग करें।

- फ्लायर्स, पोस्टर, और सोशल मीडिया बैनर्स डिजाइन करें।

उदाहरण:

- एक योग प्रशिक्षक ने Canva पर डिज़ाइन किए गए फ्लायर्स के माध्यम से अपने वर्कशॉप का प्रचार किया और अधिक पंजीकरण प्राप्त किए।

9. पेड एड्स का सीमित उपयोग

सीमित बजट में भी पेड एड्स आपकी पहुंच बढ़ाने में सहायक हो सकते हैं।

- **कैसे करें:**

  - गूगल ऐड्स और फेसबुक ऐड्स पर छोटे-छोटे अभियानों की योजना बनाएं।
  - अपने टार्गेट ऑडियंस को ध्यान में रखकर विज्ञापन चलाएं।

  उदाहरण:

  - एक छोटे रेस्टोरेंट ने फेसबुक पर "लंच स्पेशल ऑफर" का विज्ञापन चलाया, जिससे उन्होंने नई भीड़ को आकर्षित किया।

10. ग्राहक अनुभव को प्राथमिकता दें

ग्राहक को बेहतरीन अनुभव देने से वे स्वाभाविक रूप से आपके ब्रांड के प्रमोटर बनते हैं।

- **कैसे करें:**

  - ग्राहकों की समस्याओं को तुरंत हल करें।
  - व्यक्तिगत धन्यवाद नोट्स और फॉलो-अप करें।

  उदाहरण:

  - एक ऑनलाइन स्टोर ने हर खरीदारी के साथ हाथ से लिखा धन्यवाद नोट भेजा। इससे ग्राहकों ने उनकी सेवाओं की ऑनलाइन प्रशंसा की।

निष्कर्ष

बजट में मार्केटिंग और ब्रांडिंग प्रभावी तरीके से संभव है यदि आप रचनात्मक और रणनीतिक दृष्टिकोण अपनाते हैं। इन तकनीकों के माध्यम से, आप कम खर्च में भी अपने व्यवसाय को मजबूत बना सकते हैं और अधिक ग्राहकों तक पहुंच सकते हैं।

बजट में मार्केटिंग के सफल उदाहरण

1. **ज़ोमेटो:**

   - ज़ोमेटो ने सोशल मीडिया पर मजेदार और आकर्षक पोस्ट के जरिए अपनी ब्रांडिंग को लोकप्रिय बनाया।

2. **पेटीएम:**

   - शुरुआती दौर में, पेटीएम ने कैशबैक ऑफर्स का उपयोग करके लोगों को डिजिटल भुगतान की ओर आकर्षित किया।

3. **डोमिनोज़:**

   - "30 मिनट या उससे कम में डिलीवरी" का वादा, जिसने उन्हें फूड इंडस्ट्री में एक मजबूत पहचान दिलाई।

अध्याय निष्कर्ष

बजट में मार्केटिंग और ब्रांडिंग करना चुनौतीपूर्ण हो सकता है, लेकिन सही रणनीतियों और रचनात्मकता के साथ इसे संभव बनाया जा सकता है। छोटे व्यवसायों और स्टार्टअप्स के लिए डिजिटल प्लेटफॉर्म, साझेदारी, और प्रभावी ग्राहक सेवा जैसे कम लागत वाले तरीकों का उपयोग करना

सबसे अच्छा तरीका है।

याद रखें, असली ताकत आपके विचार और दृष्टिकोण में है, न कि केवल बजट में।

आनंद आर. यादव

अध्याय 7
Scaling Up
(विस्तार करना)

संस्कृत श्लोक:

"उद्यमेन हि सिद्ध्यन्ति कार्याणि न मनोरथैः।
न हि सुप्तस्य सिंहस्य प्रविशन्ति मुखे मृगाः॥"

(परिश्रम और उद्यम से ही कार्य सिद्ध होते हैं, केवल इच्छा से नहीं। जैसे सोते हुए सिंह के मुख में मृग स्वयं प्रवेश नहीं करते।)

- **संदर्भ: हितोपदेश**

हिंदी उद्धरण:

"विस्तार का सपना देखने वालों को कड़ी मेहनत और साहस के साथ कदम उठाने पड़ते हैं।"

अज्ञात

स्टार्टअप की यात्रा: चुनौतियाँ और सफलताएं

किसी व्यवसाय का स्केलिंग (विस्तार) एक महत्वपूर्ण चरण होता है, जहाँ कंपनी अपने संचालन, उत्पादों, और सेवाओं को बढ़ाने का प्रयास करती है ताकि वह अधिक ग्राहकों तक पहुँच सके और राजस्व में वृद्धि कर सके। यह चरण न केवल विकास के नए अवसर लाता है, बल्कि इसके साथ नई चुनौतियाँ और जिम्मेदारियाँ भी लेकर आता है।

1. स्केलिंग अप का अर्थ (What is Scaling Up?)

स्केलिंग अप का अर्थ है किसी व्यवसाय, संगठन, या प्रक्रिया को बड़े पैमाने पर विस्तार करना ताकि अधिक ग्राहकों, उपयोगकर्ताओं, या बाजार की जरूरतों को पूरा किया जा सके। यह एक व्यवस्थित प्रक्रिया है, जिसमें संगठन अपनी मौजूदा क्षमता, संसाधनों, और उत्पादों को इस प्रकार बढ़ाता है कि वह विकास को बनाए रखते हुए अधिक लाभ कमा सके।

स्केलिंग अप के मुख्य पहलू

1. **संसाधन विस्तार (Resource Expansion):**

   - कार्यबल, तकनीक, और बुनियादी ढांचे को बढ़ाना।

   उदाहरण:
   - एक छोटे स्टार्टअप से एक बड़ी कंपनी में बदलना।

2. **प्रक्रियाओं में कुशलता (Process Efficiency):**

   - ऑपरेशंस को स्वचालित और बेहतर बनाना ताकि विकास को संभाला जा सके।

उदाहरण:

- उत्पादन लाइन में रोबोटिक्स का उपयोग करना।

3. **बाजार में विस्तार (Market Expansion):**

- नए भौगोलिक क्षेत्रों, बाजारों, या ग्राहकों तक पहुंचना।

उदाहरण:

- एक स्थानीय उत्पाद को अंतरराष्ट्रीय बाजार में बेचना।

4. **राजस्व और लाभ वृद्धि (Revenue and Profit Growth):**

- व्यापार की आय और मुनाफे को स्थायी रूप से बढ़ाना।

उदाहरण:

- उत्पादों और सेवाओं के नए संस्करण पेश करना।

स्केलिंग अप के तरीके

1. **तकनीकी स्केलिंग (Technology Scaling):**

- तकनीकी इंफ्रास्ट्रक्चर को बढ़ाना:

  - क्लाउड कंप्यूटिंग, स्वचालन (Automation), और डेटा एनालिटिक्स का उपयोग करना।

उदाहरण:

- नेटफ्लिक्स ने अपने सर्वरों को स्केल किया ताकि वह वैश्विक ग्राहकों को सेवा दे सके।

2. **टीम और नेतृत्व का विस्तार (Team and Leadership Scaling):**

   - कर्मचारियों की संख्या बढ़ाना और उनकी दक्षताओं में सुधार करना।

   उदाहरण:

   - स्टार्टअप्स वरिष्ठ प्रबंधन को नियुक्त करते हैं जब वे स्केलिंग की प्रक्रिया में होते हैं।

3. **वित्तीय स्केलिंग (Financial Scaling):**

   - निवेशकों से पूंजी जुटाना या अधिक आय स्रोत बनाना।

   उदाहरण:

   - Zomato ने अपने स्केलिंग के लिए वेंचर कैपिटल से फंडिंग प्राप्त की।

4. **ग्राहक आधार का विस्तार (Customer Base Expansion):**

   - नए ग्राहकों को जोड़ने और मौजूदा ग्राहकों को बनाए रखना।

   उदाहरण:

   - Amazon ने अपनी सेवाएं अन्य देशों में विस्तारित कीं।

5. **मार्केटिंग और ब्रांडिंग:**

   - ब्रांड की पहुंच बढ़ाने के लिए अधिक व्यापक और प्रभावी मार्केटिंग रणनीतियां अपनाना।

उदाहरण:

- सोशल मीडिया और डिजिटल मार्केटिंग का उपयोग।

स्केलिंग अप के दौरान चुनौतियां

1. **संसाधन प्रबंधन:**

    - सीमित संसाधनों के साथ विस्तार करना मुश्किल हो सकता है।

2. **गुणवत्ता बनाए रखना:**

    - बड़े पैमाने पर संचालन करते समय उत्पाद या सेवा की गुणवत्ता बनाए रखना चुनौतीपूर्ण हो सकता है।

3. **ग्राहक संतोष:**

    - अधिक ग्राहकों को संभालने के लिए बेहतर ग्राहक सेवा आवश्यक होती है।

4. **वित्तीय जोखिम:**

    - स्केलिंग में अक्सर बड़े निवेश की आवश्यकता होती है, जो जोखिम भरा हो सकता है।

उदाहरण: स्केलिंग अप के सफल केस स्टडी

1. **अमेज़न (Amazon):**

    - शुरुआत एक ऑनलाइन बुकस्टोर के रूप में हुई।
    - अब यह दुनिया का सबसे बड़ा ई-कॉमर्स प्लेटफ़ॉर्म है।

- तकनीकी नवाचार (जैसे AWS), बाजार विस्तार, और कुशल आपूर्ति श्रृंखला ने इसे स्केल करने में मदद की।

2. **पेटीएम (Paytm):**

- डिजिटल वॉलेट से शुरू हुआ।
- आज यह भुगतान बैंक, बीमा, और वित्तीय सेवाओं में विस्तार कर चुका है।

3. **उबर (Uber):**

- छोटे पैमाने पर एक राइड-शेयरिंग सेवा के रूप में शुरू हुआ।
- आज यह वैश्विक स्तर पर परिवहन और फूड डिलीवरी सेवाएं प्रदान करता है।

4. **ज़ोमेटो (Zomato):**

- शुरुआत रेस्तरां की जानकारी देने वाली वेबसाइट के रूप में हुई।
- आज यह फूड डिलीवरी और क्लाउड किचन में विस्तार कर चुका है।

निष्कर्ष

स्केलिंग अप किसी भी व्यवसाय के विकास के लिए एक महत्वपूर्ण कदम है। यह न केवल व्यवसाय को बड़ा बनाता है, बल्कि इसे अधिक लाभदायक और प्रतिस्पर्धात्मक बनाता है। हालांकि, इसे सफलतापूर्वक लागू करने के लिए स्पष्ट योजना, कुशल प्रबंधन, और सही रणनीतियों की आवश्यकता होती है।

याद रखें, स्केलिंग केवल विस्तार नहीं है, बल्कि एक स्थायी और कुशल विकास की प्रक्रिया है।

2. स्केलिंग की रणनीतियाँ (Strategies for Scaling Up)

स्केलिंग किसी भी व्यवसाय के विकास और सफलता के लिए महत्वपूर्ण है। इसे प्रभावी और स्थायी रूप से लागू करने के लिए स्पष्ट रणनीतियों की आवश्यकता होती है। सही रणनीतियों से व्यवसाय अपनी क्षमता को बढ़ाते हुए नई ऊंचाइयों पर पहुंच सकता है।

स्केलिंग की प्रभावी रणनीतियाँ

1. ऑटोमेशन (Automation) का उपयोग करें

- ऑटोमेशन व्यवसाय की प्रक्रियाओं को तेज़, कुशल और लागत-प्रभावी बनाता है।

- **कैसे लागू करें:**

- दैनिक संचालन जैसे इन्वेंट्री प्रबंधन, ग्राहक सेवा, और डेटा एनालिटिक्स के लिए सॉफ़्टवेयर और टूल्स का उपयोग करें।

उदाहरण:

- अमेज़न अपने वेयरहाउस में रोबोटिक्स का उपयोग करके बड़े पैमाने पर स्केलिंग करता है।

- HubSpot जैसे टूल्स का उपयोग ईमेल मार्केटिंग और लीड मैनेजमेंट के लिए किया जाता है।

2. तकनीकी अपग्रेड (Technological Upgradation)

- नई और उन्नत तकनीकों को अपनाकर व्यवसाय को स्केल करना आसान हो जाता है।

- **कैसे लागू करें:**

- क्लाउड कंप्यूटिंग, डेटा एनालिटिक्स और आर्टिफिशियल इंटेलिजेंस (AI) जैसी तकनीकों का उपयोग करें।

उदाहरण:

- Netflix ने क्लाउड सर्विसेज का उपयोग कर अपनी सेवाओं को वैश्विक स्तर पर स्केल किया।

3. ग्राहक केंद्रित रणनीतियाँ (Customer-Centric Strategies)

- ग्राहकों की जरूरतों और फीडबैक पर ध्यान देकर व्यवसाय को स्केल करना।

- **कैसे लागू करें:**

- बेहतर ग्राहक सेवा प्रदान करें और अपने उत्पाद या सेवा को उनकी आवश्यकताओं के अनुसार अनुकूलित करें।

उदाहरण:

- Zomato ने ग्राहकों की सुविधा के लिए लाइव ट्रैकिंग और तेजी से डिलीवरी सिस्टम पेश किया।

4. मार्केटिंग और ब्रांडिंग का विस्तार

- व्यवसाय को बड़े पैमाने पर पहुंचाने के लिए प्रभावी मार्केटिंग रणनीतियों का उपयोग करें।

- **कैसे लागू करें:**

- डिजिटल मार्केटिंग, सोशल मीडिया अभियान, और कंटेंट मार्केटिंग पर ध्यान दें।

उदाहरण:

- OYO Rooms ने डिजिटल और ऑफ़लाइन मार्केटिंग के संयोजन से वैश्विक स्तर पर अपनी सेवाओं को स्केल किया।

5. साझेदारी और सहयोग (Partnership and Collaboration)

- अन्य व्यवसायों, स्टार्टअप्स, या कंपनियों के साथ साझेदारी करना।

- **कैसे लागू करें:**

- सहायक सेवाएं प्रदान करने वाले व्यवसायों के साथ गठजोड़ करें।

उदाहरण:

- Swiggy ने स्थानीय रेस्टोरेंट्स और किराना स्टोर्स के साथ पार्टनरशिप कर अपने नेटवर्क का विस्तार किया।

6. नए बाजारों में प्रवेश (Entering New Markets)

- अपने उत्पाद या सेवाओं को नए क्षेत्रों, देशों, या उद्योगों में ले जाना।

- **कैसे लागू करें:**

- बाजार अनुसंधान करें और ग्राहकों की जरूरतों के अनुसार अपने ऑफरिंग को अनुकूलित करें।

उदाहरण:

- Tesla ने भारत जैसे उभरते बाजारों में अपने वाहनों के लिए संभावनाओं को देखा।

7. मूल्य निर्धारण रणनीतियाँ (Pricing Strategies)

- अपने उत्पादों और सेवाओं की कीमतों को प्रतिस्पर्धात्मक बनाए रखना।

- **कैसे लागू करें:**

- शुरू में कम कीमतों पर ग्राहकों को आकर्षित करें और बाद में प्रीमियम सेवाएं पेश करें।

उदाहरण:

- Paytm ने शुरुआती चरण में कैशबैक ऑफ़र्स के जरिए ग्राहकों को आकर्षित किया।

8. उत्पाद पोर्टफोलियो का विस्तार (Expanding Product Portfolio)

- मौजूदा उत्पादों में सुधार करना या नए उत्पाद और सेवाएं पेश करना।

- **कैसे लागू करें:**

- बाजार अनुसंधान के आधार पर नए उत्पाद लॉन्च करें।

उदाहरण:

- Apple ने iPod के बाद iPhone और iPad लॉन्च करके अपने व्यवसाय को स्केल किया।

9. निवेश और वित्त प्रबंधन (Investment and Financial Management)

- स्केलिंग के लिए वित्तीय स्थिरता बनाए रखना।

- **कैसे लागू करें:**

- निवेशकों से फंडिंग जुटाएं और प्रभावी बजट प्रबंधन करें।

उदाहरण:

- Flipkart ने SoftBank और Walmart जैसे निवेशकों से फंडिंग प्राप्त कर अपनी सेवाओं का विस्तार किया।

10. प्रतिभा का विकास (Talent Development)

- कुशल और समर्पित कर्मचारियों की टीम तैयार करना।

- **कैसे लागू करें:**

  - प्रशिक्षण, अपस्किलिंग, और सही टैलेंट को हायर करें।

उदाहरण:

- Google अपनी टीम को समय-समय पर ट्रेनिंग देकर नई तकनीकों में दक्ष बनाता है।

11. ऑपरेशनल कुशलता (Operational Efficiency)

- संचालन को अधिक प्रभावी और लागत-कुशल बनाना।

- **कैसे लागू करें:**

  - लीन मैन्युफैक्चरिंग और सप्लाई चेन मैनेजमेंट को अपनाएं।

उदाहरण:

- Toyota ने लीन मैन्युफैक्चरिंग को अपनाकर अपनी उत्पादन प्रक्रिया को कुशल बनाया।

12. लचीलापन (Adaptability)

- बदलते बाजार और उपभोक्ता रुझानों के अनुसार अपने व्यवसाय को अनुकूलित करना।

- **कैसे लागू करें:**

  - नई चुनौतियों और अवसरों के प्रति तत्पर रहें।

उदाहरण:

- COVID-19 महामारी के दौरान, Zoom ने अचानक बढ़ती मांग को संभालने के लिए अपनी सेवाओं को स्केल किया।

निष्कर्ष

स्केलिंग की रणनीतियाँ किसी भी व्यवसाय के विकास में महत्वपूर्ण भूमिका निभाती हैं। सही योजना और कार्यान्वयन से न केवल व्यवसाय की पहुंच और राजस्व बढ़ता है, बल्कि यह ब्रांड को अधिक प्रतिस्पर्धात्मक और स्थिर बनाता है। **याद रखें, सफलता के लिए सही समय पर सही रणनीति का उपयोग करना आवश्यक है।**

3. स्केलिंग के दौरान आने वाली चुनौतियाँ (Challenges in Scaling Up)

व्यवसाय का स्केलिंग करना सफलता के लिए महत्वपूर्ण है, लेकिन यह प्रक्रिया सरल नहीं होती। स्केलिंग के दौरान कई तरह की चुनौतियाँ आती हैं, जो व्यवसाय की वृद्धि को धीमा कर सकती हैं या नुकसान पहुँचा सकती हैं। इन चुनौतियों का सही तरीके से सामना करना ही स्केलिंग की सफलता को सुनिश्चित करता है।

1. वित्तीय चुनौतियाँ (Financial Challenges)

- **समस्या:** स्केलिंग के लिए बड़ी मात्रा में वित्तीय संसाधनों की आवश्यकता होती है। गलत बजट प्रबंधन या निवेश की कमी समस्याएँ पैदा कर सकती है।

स्टार्टअप की यात्रा: चुनौतियाँ और सफलताएं

- **कैसे सामना करें:**
  - फंडिंग के लिए निवेशकों से संपर्क करें।
  - लागत का सही विश्लेषण और योजना बनाएं।

उदाहरण:
- एक स्टार्टअप जैसे Swiggy ने शुरुआती फंडिंग के बिना अपनी सेवाओं का विस्तार करने में कठिनाइयों का सामना किया, लेकिन निवेशकों के सहयोग से इसे हल किया।

2. गुणवत्ता बनाए रखना (Maintaining Quality)

- **समस्या:** स्केलिंग के दौरान अधिक ग्राहकों को सेवा देने के प्रयास में उत्पाद या सेवा की गुणवत्ता में गिरावट हो सकती है।

- **कैसे सामना करें:**
  - ऑटोमेशन और गुणवत्ता नियंत्रण प्रणाली लागू करें।
  - कर्मचारियों को प्रशिक्षित करें।

उदाहरण:
- OYO ने शुरुआती विस्तार के दौरान कुछ होटलों में गुणवत्ता की समस्याओं का सामना किया, लेकिन अपने मानकों को सख्ती से लागू करके इसे हल किया।

3. टीम प्रबंधन की कठिनाइयाँ (Team Management Challenges)

- **समस्या:** बड़ी टीम को संभालना और नई भर्ती करना एक चुनौती बन सकता है।

- **कैसे सामना करें:**

  - प्रबंधन प्रक्रियाओं को सुव्यवस्थित करें।

  - नेतृत्व टीम को मजबूत करें।

उदाहरण:

- Uber ने विभिन्न देशों में अपने ड्राइवरों और कर्मचारियों की बड़ी संख्या को प्रबंधित करने के लिए तकनीकी प्लेटफॉर्म का उपयोग किया।

4. ग्राहक अनुभव बनाए रखना (Maintaining Customer Experience)

- **समस्या:** जब व्यवसाय स्केल करता है, तो कभी-कभी व्यक्तिगत ग्राहक अनुभव प्रदान करना कठिन हो जाता है।

- **कैसे सामना करें:**

  - ग्राहकों की प्रतिक्रिया सुनें और सुधार करें।

  - तकनीकी समाधान जैसे AI-आधारित चैटबॉट का उपयोग करें।

उदाहरण:

- Amazon ने ग्राहकों की संतुष्टि बनाए रखने के लिए तेज़ डिलीवरी और प्रभावी ग्राहक सेवा की पेशकश की।

5. संसाधन प्रबंधन (Resource Management)

- **समस्या:** सीमित मानव, तकनीकी और वित्तीय संसाधनों के साथ बड़े पैमाने पर संचालन करना कठिन हो सकता है।

- **कैसे सामना करें:**

- प्रबंधन प्रणालियों को कुशल बनाएं।
- लीन मैनेजमेंट तकनीकों का उपयोग करें।

उदाहरण:

- Toyota ने अपने उत्पादन में संसाधन प्रबंधन को सुधारने के लिए लीन मैन्युफैक्चरिंग का उपयोग किया।

6. बाजार की विविधता (Market Diversity)

- **समस्या:** अलग-अलग क्षेत्रों में अलग-अलग ग्राहक जरूरतों और संस्कृतियों को समझना।

- **कैसे सामना करें:**

- स्थानीय बाजारों के लिए रणनीतियों को अनुकूलित करें।
- सही पार्टनरशिप बनाएं।

उदाहरण:

- McDonald's ने विभिन्न देशों में स्थानीय स्वाद के अनुसार अपने मेनू में बदलाव किया।

7. प्रतिस्पर्धा का दबाव (Competitive Pressure)

- **समस्या:** स्केलिंग के दौरान अन्य कंपनियाँ आपके ग्राहकों को आकर्षित करने की कोशिश कर सकती हैं।

- **कैसे सामना करें:**

  - अनोखे मूल्य प्रस्ताव (Unique Value Proposition) पर ध्यान दें।
  - तेजी से नवाचार करें।

उदाहरण:

- Flipkart ने Amazon जैसे प्रतिस्पर्धियों से मुकाबला करने के लिए बिग बिलियन डे जैसे अभियान चलाए।

8. संचालन की जटिलताएँ (Operational Complexities)

- **समस्या:** स्केलिंग के साथ प्रक्रियाएँ अधिक जटिल और चुनौतीपूर्ण हो जाती हैं।

- **कैसे सामना करें:**

  - ऑटोमेशन और ERP सॉफ़्टवेयर का उपयोग करें।
  - सप्लाई चेन प्रबंधन को सुधारें।

उदाहरण:

- Zomato ने अपने ऑपरेशन्स को आसान बनाने के लिए तकनीकी समाधान लागू किए।

9. ब्रांड पहचान बनाए रखना (Maintaining Brand Identity)

- **समस्या:** स्केलिंग के दौरान ब्रांड का मूल उद्देश्य या पहचान धुंधली हो सकती है।

- **कैसे सामना करें:**

- स्पष्ट ब्रांड गाइडलाइन्स बनाएं।
- हर नए क्षेत्र में समान ब्रांड अनुभव सुनिश्चित करें।

उदाहरण:

- Starbucks ने सभी देशों में अपने कैफ़े का एक समान अनुभव बनाए रखा।

10. कानून और विनियम (Legal and Regulatory Challenges)

- **समस्या:** विभिन्न क्षेत्रों में विभिन्न कानूनों और नियमों का पालन करना।

- **कैसे सामना करें:**

- स्थानीय विशेषज्ञों की मदद लें।
- कानूनी प्रक्रियाओं का पालन सुनिश्चित करें।

उदाहरण:
- Uber को अलग-अलग देशों में लाइसेंसिंग और नियमों से जुड़ी चुनौतियों का सामना करना पड़ा।

11. तकनीकी समस्याएँ (Technical Issues)

- **समस्या:** बढ़ती सेवाओं और उपयोगकर्ताओं को संभालने के लिए तकनीकी ढांचे को उन्नत करना।

- **कैसे सामना करें:**

- स्केलेबल क्लाउड प्लेटफ़ॉर्म और मॉड्यूलर आर्किटेक्चर का उपयोग करें।

उदाहरण:
- Netflix ने अपनी सेवाओं को स्केल करने के लिए AWS का उपयोग किया।

12. कर्मचारियों की संतुष्टि (Employee Satisfaction)

- **समस्या:** तेजी से स्केलिंग के दौरान कर्मचारियों का संतुलन और उनकी संतुष्टि बनाए रखना मुश्किल हो सकता है।

- **कैसे सामना करें:**

- कर्मचारियों को बोनस और लाभ दें।
- उनकी भलाई पर ध्यान दें।

उदाहरण:

- Google ने अपनी टीम की संतुष्टि बनाए रखने के लिए सुविधाजनक वर्क एनवायरनमेंट प्रदान किया।

निष्कर्ष

स्केलिंग के दौरान चुनौतियाँ आना स्वाभाविक है, लेकिन सही रणनीतियों और योजनाओं के साथ इनसे निपटा जा सकता है। व्यवसाय को सतत रूप से विकसित करने के लिए इन चुनौतियों को समझना और उनका समाधान करना महत्वपूर्ण है।

याद रखें: हर चुनौती एक अवसर है, जो सही प्रयासों के माध्यम से सफलता का मार्ग प्रशस्त कर सकती है।

अध्याय निष्कर्ष

स्केलिंग का प्रभाव सकारात्मक और नकारात्मक दोनों हो सकता है। यह इस बात पर निर्भर करता है कि इसे कैसे प्रबंधित किया जाता है। सफल स्केलिंग के लिए रणनीतिक योजना, उचित संसाधन प्रबंधन, और सतत विकास (sustainable development) पर ध्यान देना आवश्यक है।

आनंद आर. यादव

अध्याय 8
असफलता से सीखना
(Learning from Failure)

संस्कृत श्लोक:

"विपत्ति: श्रेयसामारम्भः।"

(विपत्ति ही श्रेष्ठ प्रयासों की शुरुआत है।)

संदर्भ: महाभारत

हिंदी उद्धरण:

"असफलता केवल यह संकेत है कि सफलता का मार्ग अभी भी प्रयासों की प्रतीक्षा कर रहा है।"

डॉ. एपीजे अब्दुल कलाम

असफलता, जीवन और सफलता का एक महत्वपूर्ण हिस्सा है। यह हमें नए अनुभव, समझ, और विकास के अवसर प्रदान करती है। इस अध्याय में, असफलताओं से सीखने के महत्व, इसके प्रभाव और इससे निपटने के तरीके पर चर्चा की जाती है।

असफलता का अर्थ (Meaning of Failure)

असफलता का सामान्य अर्थ है किसी लक्ष्य को प्राप्त करने में विफल रहना या अपेक्षित परिणाम न प्राप्त करना। लेकिन गहराई से देखने पर, असफलता केवल एक अनुभव है जो हमें बताता है कि हमारी रणनीतियाँ या दृष्टिकोण कहाँ गलत थे। यह सफलता का हिस्सा है और इसे सीखने और सुधारने के अवसर के रूप में देखा जाना चाहिए।

स्टार्टअप की यात्रा में असफलता बहुत आम है क्योंकि यह क्षेत्र अनिश्चितताओं, प्रयोगों और प्रतिस्पर्धा से भरा होता है। लेकिन असफलता के अनुभव अक्सर नवाचार और सफलता के बीज बोते हैं।

असफलता के पहलू (Aspects of Failure)

1. सीमित योजना और दृष्टिकोण (Poor Planning and Vision):

असफलता तब होती है जब स्टार्टअप स्पष्ट लक्ष्यों और योजनाओं के बिना शुरू होता है।

उदाहरण:

- *Quibi* (शॉर्ट वीडियो स्ट्रीमिंग प्लेटफॉर्म) ने बिना स्पष्ट उपयोगकर्ता आधार और सामग्री रणनीति के लॉन्च किया, जिससे यह असफल हो गया।

2. गलत समय पर लॉन्च (Wrong Timing):

बाजार की जरूरतों और समय का सही मूल्यांकन न करना भी असफलता का कारण बनता है।

उदाहरण:

- *Webvan* नामक ऑनलाइन ग्रॉसरी डिलीवरी स्टार्टअप 1990 के दशक में लॉन्च हुआ, जब ई-कॉमर्स और लॉजिस्टिक्स की संरचना इतनी मजबूत नहीं थी।

3. नवाचार की कमी (Lack of Innovation):

यदि स्टार्टअप अपने प्रतिस्पर्धियों से अलग नहीं है, तो वह बाजार में खड़ा नहीं रह सकता।

उदाहरण:

- *याहू* ने नवाचार की कमी और धीमी रणनीतिक फैसलों के कारण गूगल और फेसबुक जैसी कंपनियों से बाज़ार खो दिया।

4. वित्तीय प्रबंधन की कमी (Poor Financial Management):

स्टार्टअप के लिए फंड का कुशलता से उपयोग न करना दिवालिया होने का कारण बन सकता है।

उदाहरण:

- *Theranos* ने अपने फंड का उपयोग झूठे वादों पर किया और तकनीकी परीक्षणों में असफल रहा।

5. टीम असंगति (Team Mismanagement):

नेतृत्व और टीम के बीच तालमेल की कमी भी असफलता का बड़ा कारण हो सकता है।

उदाहरण:

- *Friendster*, शुरुआती सोशल नेटवर्क प्लेटफ़ॉर्म, टीम प्रबंधन की समस्याओं और तकनीकी खामियों के कारण असफल हुआ।

असफलता का महत्व (Importance of Failure)

असफलता को अक्सर एक नकारात्मक अनुभव के रूप में देखा जाता है, लेकिन वास्तविकता यह है कि असफलता सफलता की ओर पहला कदम है। यह एक सीखने का माध्यम है, जो हमें हमारी कमजोरियों को पहचानने और सुधारने का अवसर प्रदान करता है। स्टार्टअप की यात्रा में, असफलता अक्सर अपरिहार्य होती है, लेकिन इसका सही ढंग से मूल्यांकन और उपयोग करने से दीर्घकालिक सफलता प्राप्त की जा सकती है।

असफलता का महत्व:

1. सीखने का अनुभव (Learning Opportunity):

असफलता हमें बताती है कि क्या काम नहीं कर रहा है, और हमें अपने दृष्टिकोण को बदलने के लिए प्रेरित करती है।

उदाहरण:

- *KFC* के संस्थापक कर्नल सैंडर्स ने अपनी चिकन रेसिपी को स्वीकार्य बनाने के लिए कई बार असफलता का सामना किया, लेकिन हर असफलता से उन्होंने सुधार किया।

2. रचनात्मकता और नवाचार को प्रोत्साहन (Encourages Creativity and Innovation):

असफलता से बाहर निकलने के लिए व्यक्ति को नए तरीके सोचने पड़ते हैं, जिससे नवाचार को बढ़ावा मिलता है।

उदाहरण:

- *Pinterest* को शुरू में एक ऑनलाइन शॉपिंग साइट के रूप में लॉन्च किया गया था, लेकिन असफलता के बाद इसे एक सोशल प्लेटफ़ॉर्म में बदल दिया गया।

3. लचीलापन और दृढ़ता (Builds Resilience and Perseverance):

असफलता का सामना करने से मानसिक और व्यावसायिक लचीलापन बढ़ता है।

उदाहरण:

- *एलन मस्क* की कंपनियाँ *स्पेसएक्स* और *टेस्ला* कई बार विफल हुईं, लेकिन उन्होंने दृढ़ता के साथ काम किया और सफलता पाई।

4. नेतृत्व कौशल का विकास (Enhances Leadership Skills):

असफलता का अनुभव नेतृत्व को मजबूत बनाता है, क्योंकि इससे कठिन निर्णय लेने की क्षमता बढ़ती है।

उदाहरण:

- *स्टीव जॉब्स* को अपनी ही कंपनी *एप्पल* से बाहर निकाल दिया गया, लेकिन इस अनुभव ने उन्हें बेहतर नेता और नवप्रवर्तक बनाया।

5. टीम वर्क को सुधारना (Improves Team Collaboration):

असफलता टीम को एक साथ काम करने और समस्याओं को हल करने का मौका देती है।

उदाहरण:

- *Airbnb* की टीम ने शुरुआती दिनों में वित्तीय असफलताओं को मिलकर हल किया और कंपनी को एक प्रमुख ब्रांड बनाया।

6. यथार्थवादी दृष्टिकोण विकसित करना (Develops Realistic Perspectives):

असफलता व्यक्ति को आत्ममूल्यांकन करने और अपनी क्षमताओं का यथार्थवादी आकलन करने के लिए प्रेरित करती है।

उदाहरण:

- *Uber* ने कई कानूनी और बाजार बाधाओं का सामना किया, जिसने उन्हें अपनी सेवाओं को और बेहतर बनाने का अवसर दिया।

स्टार्टअप की यात्रा में असफलता का महत्व:

1. सही ग्राहक पहचानने में मदद:

असफलता यह सिखाती है कि सही ग्राहक कौन हैं और उनकी आवश्यकताएँ क्या हैं।

उदाहरण:

- *Paytm* ने अपने शुरुआती दिनों में कई बार असफलता का सामना किया, लेकिन सही ग्राहक और डिजिटल पेमेंट की आवश्यकता को पहचानकर सफलता हासिल की।

2. व्यवसाय मॉडल का पुनर्मूल्यांकन:

असफलता व्यवसाय मॉडल में छिपी कमजोरियों को उजागर करती है।

उदाहरण:

- *Netflix* ने अपने डीवीडी रेंटल मॉडल से डिजिटल स्ट्रीमिंग में बदलाव किया, जो एक बड़ा कदम साबित हुआ।

3. प्रतिस्पर्धा को समझने का अवसर:

असफलता यह सिखाती है कि बाजार में मौजूद प्रतिस्पर्धा से कैसे निपटा जाए।

उदाहरण:

- *Zomato* ने शुरुआती असफलताओं के बाद प्रतिस्पर्धा का विश्लेषण कर अपने ऐप को उपयोगकर्ता-अनुकूल बनाया।

4. निवेशकों का विश्वास जीतने में सहायक:

असफलता के बाद सुधार और वापसी निवेशकों को दिखाती है कि संस्थापक में दृढ़ता और समस्या समाधान की क्षमता है।

उदाहरण:

- *Ola* ने लॉजिस्टिक्स और सेवा वितरण की समस्याओं को हल कर निवेशकों का विश्वास जीता।

5. उत्पाद विकास को प्रोत्साहित करना:

असफलता उत्पाद में सुधार और नई विशेषताएँ जोड़ने के लिए प्रेरित करती है।

उदाहरण:

- *Instagram* पहले एक फोटो-शेयरिंग ऐप नहीं था, लेकिन असफलता के बाद इसे दोबारा डिज़ाइन किया गया।

असफलता को महत्व देने का दृष्टिकोण:

1. असफलता को व्यक्तिगत न लें।
2. इसे एक समस्या सुलझाने वाले अभ्यास के रूप में देखें।
3. टीम के साथ आत्म-मूल्यांकन करें।
4. असफलताओं से सीखकर योजना बनाएं।
5. दीर्घकालिक दृष्टिकोण अपनाएं।

निष्कर्ष:

असफलता का महत्व इस बात में है कि यह हमें सुधार का मौका देती है। स्टार्टअप की यात्रा में, असफलता से सीखना और उसे अवसर में बदलना सफलता का प्रमुख हिस्सा है। असफलता को यदि सही तरीके से संभाला जाए, तो यह केवल एक रुकावट नहीं, बल्कि सफलता की ओर बढ़ने की सीढ़ी बन जाती है।

महत्वपूर्ण संदेश:

"असफलता वह पाठ है जो सफलता के लिए सबसे महत्वपूर्ण होता है।"

असफलता से सीखने के तरीके (Ways to Learn from Failure)

असफलता केवल एक अंत नहीं है; यह एक सीखने और सुधारने का मौका है। स्टार्टअप की यात्रा में, असफलता अनिवार्य हो सकती है, लेकिन उससे मिलने वाला अनुभव अमूल्य होता है। असफलता से सीखने का उद्देश्य यह सुनिश्चित करना है कि वही गलतियाँ दोबारा न हों और भविष्य में बेहतर निर्णय लिए जा सकें।

असफलता से सीखने के तरीके:

1. मूल कारण का विश्लेषण करें (Conduct Root Cause Analysis):

हर असफलता के पीछे एक कारण होता है। असफलता से सीखने के लिए सबसे पहले इसका गहराई से विश्लेषण करें और समझें कि क्या गलत हुआ।

उदाहरण:

- *स्पेसएक्स* ने अपने शुरुआती रॉकेट लॉन्च की असफलताओं के बाद हर छोटी से छोटी तकनीकी गलती का विश्लेषण किया और उसे ठीक करके सफल प्रक्षेपण किए।

2. ग्राहकों की प्रतिक्रिया को अपनाएं (Listen to Customer Feedback):

ग्राहक की प्रतिक्रिया से आपको अपने उत्पाद या सेवा की कमियों का पता चलता है।

उदाहरण:

- *Zomato* ने ग्राहकों की शिकायतों से सीखा और अपनी ऐप डिज़ाइन और लॉजिस्टिक्स को सुधारकर एक उपयोगकर्ता-अनुकूल प्लेटफॉर्म बनाया।

3. नए दृष्टिकोण अपनाएं (Adopt New Approaches):

असफलता से सबक लेकर नई रणनीतियाँ और दृष्टिकोण तैयार करें।

उदाहरण:

- *Netflix* ने डीवीडी रेंटल से डिजिटल स्ट्रीमिंग प्लेटफ़ॉर्म पर बदलाव किया, जिससे यह विश्व का अग्रणी मनोरंजन प्लेटफॉर्म बन गया।

4. टीम के साथ विचार-विमर्श करें (Collaborate with Your Team):

असफलता को अकेले संभालने की बजाय अपनी टीम के साथ चर्चा करें। यह नई दृष्टि और विचारों को उत्पन्न करता है।

उदाहरण:

- *Airbnb* ने शुरुआती वित्तीय कठिनाइयों पर अपनी टीम के साथ काम करते हुए समाधान निकाला।

5. अल्पकालिक और दीर्घकालिक योजनाएँ बनाएं (Create Short- and Long-Term Plans):

असफलता के बाद सुधार के लिए स्पष्ट योजना बनाना आवश्यक है।

उदाहरण:

- *Ola* ने अपने शुरुआती वर्षों में लॉजिस्टिक्स और ड्राइवर पार्टनर प्रबंधन के मुद्दों को अल्पकालिक योजनाओं के जरिए हल किया और दीर्घकालिक वृद्धि की ओर अग्रसर हुई।

6. सकारात्मक मानसिकता बनाए रखें (Maintain a Positive Mindset):

असफलता को नकारात्मकता के बजाय एक सबक के रूप में देखें।

उदाहरण:

- *एलन मस्क* की कंपनियाँ शुरुआती असफलताओं के बाद भी उनके सकारात्मक दृष्टिकोण के कारण ही सफल हो सकीं।

7. डेटा और मेट्रिक्स का उपयोग करें (Leverage Data and Metrics):

डेटा का विश्लेषण करें ताकि आप यह समझ सकें कि आपकी रणनीति कहाँ गलत थी।

स्टार्टअप की यात्रा: चुनौतियाँ और सफलताएं

उदाहरण:

- *Instagram* ने उपयोगकर्ता डेटा का विश्लेषण करके अपने प्लेटफॉर्म को एक फोटो-शेयरिंग ऐप में बदल दिया।

8. फीडबैक लूप बनाएं (Establish Feedback Loops):

लगातार सीखने और सुधार के लिए फीडबैक लूप तैयार करें।

उदाहरण:

- *Amazon* ने शुरुआती दिनों में ग्राहकों और विक्रेताओं से फीडबैक लेकर अपनी सेवाओं में सुधार किया।

9. प्रतिस्पर्धा का अध्ययन करें (Study Your Competitors):

असफलता से सीखते हुए यह समझें कि प्रतिस्पर्धी क्या कर रहे हैं और उनके तरीकों से क्या सीखा जा सकता है।

उदाहरण:

- *Snapchat* ने फेसबुक और इंस्टाग्राम की रणनीतियों का अध्ययन किया और खुद को एक अनोखे प्लेटफ़ॉर्म के रूप में स्थापित किया।

10. लचीलापन और अनुकूलन क्षमता विकसित करें (Build Resilience and Adaptability):

असफलता के बाद अनुकूलन क्षमता दिखाना जरूरी है।

उदाहरण:

- Pivot मॉडल, जैसे Slack जो एक गेमिंग कंपनी से एक कॉर्पोरेट मैसेजिंग प्लेटफ़ॉर्म बन गया।

उद्यमियों के लिए मानसिक मजबूती के टिप्स:

1. समय-समय पर ब्रेक लें (Take Regular Breaks):

- तनाव कम करने के लिए अपनी दिनचर्या में ब्रेक शामिल करें।

2. लक्ष्य पर ध्यान केंद्रित करें (Stay Goal-Oriented):

- असफलता के बावजूद अपने दीर्घकालिक लक्ष्य को न भूलें।

4. सहयोगियों से सीखें (Learn from Peers):

- अन्य उद्यमियों के अनुभवों से प्रेरणा लें।

5. स्वास्थ्य का ध्यान रखें (Prioritize Health):

- मानसिक और शारीरिक स्वास्थ्य का ख्याल रखें।

6. सफलता की परिभाषा को फिर से लिखें (Redefine Success):

- सफलता का मतलब केवल वित्तीय लाभ नहीं है, बल्कि सीखना और विकसित होना भी है।

अध्याय निष्कर्ष

असफलता जीवन का एक आवश्यक हिस्सा है, जो हमें सुधारने और विकसित होने का अवसर देती है। इसे एक समस्या के बजाय एक अनुभव के रूप में देखना चाहिए।

मूल मंत्र:

"असफलता अंत नहीं है, यह एक नई शुरुआत है।"

असफलता से सीखने के बाद जब हम नए प्रयास करते हैं, तो सफलता की संभावना कई गुना बढ़ जाती है।

अध्याय 9
सफलता की कहानियाँ
(Success Stories)

"उद्योगिनं पुरुषसिंहमुपैति लक्ष्मीः।"

(अर्थ: उद्योगी और परिश्रमी व्यक्ति को ही लक्ष्मी अर्थात सफलता प्राप्त होती है।)

— हितोपदेश

हिंदी उद्धरण:

"सफलता एक दिन में नहीं मिलती, लेकिन एक दिन जरूर मिलती है।"

— डॉ. एपीजे अब्दुल कलाम

सफलता की कहानियाँ हमें प्रेरणा देती हैं और यह दिखाती हैं कि कठिन परिस्थितियों के बावजूद, समर्पण, नवाचार, और मेहनत से कैसे असाधारण परिणाम प्राप्त किए जा सकते हैं। स्टार्टअप की यात्रा में सफलता का मार्ग आसान नहीं होता, लेकिन जो चुनौतियों का सामना करते हुए आगे बढ़ते हैं, उनकी कहानियाँ प्रेरणास्त्रोत बनती हैं।

प्रमुख स्टार्टअप की सफलता की कहानियाँ:

1. Flipkart (ई-कॉमर्स क्रांति)

- **संस्थापक:** सचिन बंसल और बिन्नी बंसल
- **शुरुआत:** 2007 में एक ऑनलाइन बुकस्टोर के रूप में।
- **चुनौतियाँ:**
  - ग्राहकों का विश्वास जीतना।
  - खराब लॉजिस्टिक्स और कैश ऑन डिलीवरी का प्रबंधन।
- **सफलता का कारण:**
  - भारतीय बाजार के लिए कस्टमाइज़्ड समाधान।
  - COD मॉडल अपनाना।
  - समय पर निवेश प्राप्त करना।
- **वर्तमान स्थिति:**
  - 2018 में Walmart ने Flipkart का 77% अधिग्रहण $16 बिलियन में किया।

2. Zomato (खाद्य क्रांति)

- **संस्थापक:** दीपिंदर गोयल और पंकज चड्ढा
- **शुरुआत:** 2008 में एक ऑनलाइन फूड मेन्यू वेबसाइट के रूप में।

- **चुनौतियाँ:**
  - ग्राहकों और रेस्त्रां को जोड़ने का संघर्ष।
  - प्रतिस्पर्धा से लड़ना।

- **सफलता का कारण:**
  - वैश्विक विस्तार।
  - उपभोक्ताओं के अनुभव पर ध्यान केंद्रित करना।

- **वर्तमान स्थिति:**
  - भारत और 23 अन्य देशों में मौजूदगी।

3. OYO Rooms (बजट होटलों का नेटवर्क)

- **संस्थापक:** रितेश अग्रवाल
- **शुरुआत:** 2013 में एक छोटे बजट होटल एग्रीगेटर के रूप में।

- **चुनौतियाँ:**
  - होटलों का मानकीकरण।

- गुणवत्ता और ग्राहक अनुभव सुनिश्चित करना।
- **सफलता का कारण:**
  - तकनीकी नवाचार।
  - स्केलेबल बिजनेस मॉडल।
- **वर्तमान स्थिति:**
  - 80+ देशों में विस्तार।

4. BYJU's (एडटेक का चमत्कार)

- **संस्थापक:** बायजू रविंद्रन
- **शुरुआत:** 2011 में ऑनलाइन शिक्षा प्लेटफ़ॉर्म के रूप में।
- **चुनौतियाँ:**
  - उपयोगकर्ता विश्वास और तकनीकी सुधार।
- **सफलता का कारण:**
  - उच्च-गुणवत्ता वाले वीडियो और इंटरएक्टिव लर्निंग।
  - लगातार फीडबैक और सुधार।
- **वर्तमान स्थिति:**
  - भारत का सबसे बड़ा एडटेक स्टार्टअप।

5. Ola (राइड-शेयरिंग प्लेटफ़ॉर्म)

- **संस्थापक:** भावेश अग्रवाल और अंकित भाटी
- **शुरुआत:** 2010 में एक कैब बुकिंग प्लेटफ़ॉर्म के रूप में।
- **चुनौतियाँ:**
  - ड्राइवर नेटवर्क तैयार करना।
  - ग्राहकों के लिए सस्ती और समयबद्ध सेवाएँ।
- **सफलता का कारण:**
  - कैशलेस पेमेंट और लोकलाइज्ड सेवाएँ।
- **वर्तमान स्थिति:**
  - भारत में अग्रणी राइड-शेयरिंग प्लेटफ़ॉर्म।

महत्वपूर्ण सफलता के तत्व (Key Elements of Success):

1. नवाचार (Innovation):

- नई समस्याओं के समाधान खोजने की क्षमता।

उदाहरण:

- Paytm का डिजिटल वॉलेट मॉडल।

2. धैर्य और समर्पण (Perseverance and Dedication):

- असफलताओं के बावजूद कोशिश करते रहना।

स्टार्टअप की यात्रा: चुनौतियाँ और सफलताएं

उदाहरण:

- स्पेसएक्स ने कई असफलताओं के बाद अपना पहला सफल लॉन्च किया।

3. ग्राहक-केंद्रितता (Customer Focus):

- ग्राहक की जरूरतों को प्राथमिकता देना।

उदाहरण:

- Amazon का "कस्टमर ऑब्सेशन" दृष्टिकोण।

4. टीम और नेतृत्व (Team and Leadership):

- एक मजबूत टीम और प्रभावी नेतृत्व।

उदाहरण:

- Google के सह-संस्थापकों का तकनीकी और प्रबंधन कौशल।

5. स्थिरता और विस्तार (Scalability and Sustainability):

- व्यवसाय मॉडल को स्थायी और स्केलेबल बनाना।

उदाहरण:

- Uber का वैश्विक विस्तार।

सफलता की सीख (Lessons from Success Stories):

1. जोखिम उठाना जरूरी है (Risk-Taking Is Essential):

- बिना जोखिम के कोई बड़ा लाभ नहीं।

2. ग्राहक का भरोसा जीतें (Earn Customer Trust):

- ग्राहक विश्वास के बिना कोई व्यवसाय सफल नहीं हो सकता।

3. लचीला दृष्टिकोण अपनाएँ (Be Flexible):

- बदलते समय के साथ खुद को ढालें।

4. असफलताओं से घबराएँ नहीं (Don't Fear Failures):

- हर असफलता एक सीख है।

5. दीर्घकालिक दृष्टि रखें (Have a Long-Term Vision):

- छोटी बाधाओं को पार करते हुए बड़ा लक्ष्य निर्धारित करें।

निष्कर्ष:

सफलता की कहानियाँ यह दिखाती हैं कि किसी भी विचार को महान बनाने के लिए आत्मविश्वास, नवाचार, और कठिन परिश्रम की आवश्यकता होती है। स्टार्टअप की दुनिया में, सफलता हासिल करना मुश्किल हो सकता है, लेकिन सही दृष्टिकोण और प्रेरणा के साथ असंभव को संभव बनाया जा सकता है।

"सफलता उनकी होती है, जो सपने देखने की हिम्मत करते हैं और उन्हें पूरा करने के लिए मेहनत करते हैं।"

अध्याय 10
समाज को लौटाना (Giving Back)

"परोपकाराय फलन्ति वृक्षाः, परोपकाराय वहन्ति नद्यः।

परोपकाराय दुहन्ति गावः, परोपकारार्थमिदं शरीरम्।"

(अर्थ: वृक्ष फल देते हैं, नदियाँ बहती हैं, गायें दूध देती हैं, यह सब दूसरों की भलाई के लिए होता है। इसी प्रकार हमारा शरीर भी परोपकार के लिए है।)

— हितोपदेश

हिंदी उद्धरण:

"आप जितना देंगे, जीवन उतना ही आपको लौटाएगा।"

— महात्मा गांधी

उद्यमी की जिम्मेदारी

जैसे-जैसे स्टार्टअप का विस्तार होता है, उनका प्रभाव केवल व्यापार और लाभ तक सीमित नहीं रहता। एक सफल उद्यमी के लिए यह महत्वपूर्ण है कि वे समाज के प्रति अपनी जिम्मेदारी को समझें और उसे निभाएं। "समाज को लौटाना" (Giving Back) एक ऐसा दृष्टिकोण है, जो उद्यमियों को समाज, समुदाय, और भविष्य के पीढ़ियों को सशक्त बनाने के लिए प्रेरित करता है।

समाज को लौटाने का महत्व (Importance of Giving Back):

1. सामाजिक प्रभाव (Social Impact):

- स्टार्टअप्स के पास अपने संसाधनों और प्रभाव का उपयोग समाज की समस्याओं को हल करने में मदद करने का अवसर होता है।

उदाहरण:

- BYJU's ने आर्थिक रूप से कमजोर वर्गों के छात्रों के लिए मुफ्त शिक्षा सामग्री प्रदान की।

2. सकारात्मक छवि (Positive Brand Image):

- समाज के लिए कार्य करने से ब्रांड की प्रतिष्ठा बढ़ती है।

उदाहरण:

- TATA समूह ने अपने सामाजिक योगदान के लिए वैश्विक प्रशंसा प्राप्त की है।

3. समुदाय का विकास (Community Development):

- स्थानीय समुदाय के विकास से दीर्घकालिक समर्थन और स्थिरता प्राप्त होती है।

4. मानवता का समर्थन (Support to Humanity):

- समाज को सहयोग देने से नैतिक संतोष और दीर्घकालिक लाभ प्राप्त होता है।

उद्यमियों के लिए समाज को लौटाने के तरीके (Ways Entrepreneurs Can Give Back):

1. मार्गदर्शन (Mentorship):

- नई पीढ़ी के उद्यमियों और छात्रों को मार्गदर्शन देना।

उदाहरण:

- *नंदन निलेकणी* (Infosys) ने स्टार्टअप्स और सामाजिक परियोजनाओं को सलाह देने में महत्वपूर्ण भूमिका निभाई।
- *रणदीप हुड्डा* जैसे उद्यमियों ने युवाओं को नेतृत्व और विकास की दिशा में प्रेरित किया।

2. निवेश (Investment):

- नए स्टार्टअप्स और सामाजिक परियोजनाओं में निवेश करना।

उदाहरण:

- *Ratan Tata* ने अनेक स्टार्टअप्स में व्यक्तिगत निवेश करके उन्हें बढ़ावा दिया।

- *शार्क टैंक इंडिया* जैसे प्लेटफॉर्म ने नए उद्यमियों को फंड और समर्थन प्रदान किया।

3. सामुदायिक निर्माण (Community Building):

- समाज में संरचनात्मक सुधार करना और नई सुविधाएँ प्रदान करना।

उदाहरण:

- *Mahindra Group* ने ग्रामीण भारत में शिक्षा और स्वास्थ्य सेवाओं का विस्तार किया।
- *Zomato Feeding India* ने भूख से लड़ने के लिए व्यापक सामुदायिक कार्यक्रम चलाए।

4. परोपकार (Philanthropy):

- दान और सामाजिक सेवाओं में योगदान देना।

उदाहरण:

- *अजीम प्रेमजी* ने अपनी संपत्ति का बड़ा हिस्सा शिक्षा और सामाजिक सेवाओं में दान किया।

5. स्थिरता पर ध्यान केंद्रित करना (Focus on Sustainability):

- पर्यावरण-संवेदनशील कार्य और हरित तकनीकों को बढ़ावा देना।

स्टार्टअप की यात्रा: चुनौतियाँ और सफलताएं

उदाहरण:

- *Tesla* और *IKEA* जैसी कंपनियाँ पर्यावरणीय स्थिरता पर काम कर रही हैं।

6. CSR (Corporate Social Responsibility):

- संगठनों द्वारा अपने लाभ का एक हिस्सा सामाजिक कार्यों के लिए उपयोग करना।

उदाहरण:

- भारत में CSR कानून के तहत, कंपनियाँ अपने वार्षिक लाभ का 2% सामाजिक कार्यों में लगाती हैं।

7. शिक्षा और स्वास्थ्य में योगदान (Contributing to Education and Health):

- स्कूलों, कॉलेजों और अस्पतालों में सहायता प्रदान करना।

उदाहरण:

- Reliance Foundation ने शिक्षा और स्वास्थ्य क्षेत्र में बड़े पैमाने पर काम किया।

8. स्वावलंबन को बढ़ावा देना (Promoting Self-Reliance):

- युवाओं और महिलाओं को स्वरोजगार और उद्यमिता के लिए प्रेरित करना।

उदाहरण:

- *Amul* ने ग्रामीण भारत में लाखों महिलाओं को आर्थिक रूप से सशक्त बनाया।

समाज को लौटाने का दीर्घकालिक प्रभाव (Long-Term Impact of Giving Back):

1. समाज में स्थिरता (Sustainability in Society):

- जब उद्यमी सामाजिक और पर्यावरणीय जिम्मेदारियों को प्राथमिकता देते हैं, तो समाज का दीर्घकालिक विकास सुनिश्चित होता है।

2. आर्थिक विकास (Economic Growth):

- सामुदायिक विकास से स्थानीय अर्थव्यवस्था को मजबूती मिलती है।

3. भविष्य की पीढ़ियों को सशक्त बनाना (Empowering Future Generations):

- शिक्षा और स्वास्थ्य में निवेश से आने वाली पीढ़ियों को मजबूत आधार मिलता है।

4. वैश्विक मान्यता (Global Recognition):

- जब भारतीय स्टार्टअप सामाजिक जिम्मेदारी निभाते हैं, तो वे अंतरराष्ट्रीय स्तर पर सराहना प्राप्त करते हैं।

निष्कर्ष:

"समाज को लौटाना" केवल एक नैतिक जिम्मेदारी नहीं, बल्कि एक सफल उद्यमी की पहचान भी है। यह न केवल समाज को सशक्त बनाता है, बल्कि उद्यमियों को दीर्घकालिक संतोष और पहचान दिलाता है।

"सच्ची सफलता वही है, जो न केवल आपको बल्कि आपके समाज को भी आगे बढ़ने का अवसर दे।"

अध्याय 11
आगे का मार्ग
(The Road Ahead)

"न चोरहार्यं, न च राजहार्यं, न भ्रातृभाज्यं न च भारकारि।

व्यये कृते वर्धत एव नित्यं, विद्याधनं सर्वधनप्रधानम्॥"

(अर्थ: शिक्षा और ज्ञान ऐसा धन है जिसे न चोर चुरा सकता है, न राजा छीन सकता है, न इसे कोई बाँट सकता है, और न ही यह बोझ बनता है। इसे जितना खर्च करो, यह उतना ही बढ़ता है।)

— **नीतिशतकम्**

हिंदी उद्धरण:

"आज की मेहनत आपका कल बदल सकती है, लेकिन इसके लिए सपनों के साथ संघर्ष भी जरूरी है।"

— **डॉ. एपीजे अब्दुल कलाम**

स्टार्टअप की यात्रा: चुनौतियाँ और सफलताएं

स्टार्टअप की दुनिया निरंतर विकासशील है। नए रुझानों, तकनीकों और विचारों के साथ, हर दिन कुछ नया उभरता है। यह अध्याय भविष्य की संभावनाओं, उद्यमशीलता की यात्रा पर विचार और नए उद्यमियों के लिए एक प्रेरणात्मक आह्वान पर केंद्रित है।

1. भविष्य का स्टार्टअप परिदृश्य (The Evolving Startup Landscape):

1.1 तकनीकी नवाचार (Technological Innovation):

तकनीक का विकास स्टार्टअप्स के लिए नई संभावनाएँ लेकर आता है।

- **आर्टिफिशियल इंटेलिजेंस (AI):**

  स्वास्थ्य सेवा, शिक्षा, वित्तीय सेवाओं और अन्य क्षेत्रों में AI का बढ़ता उपयोग।

  उदाहरण:

  - ChatGPT जैसी तकनीक, जो संवादात्मक सेवाओं में क्रांति ला रही है।

- **ब्लॉकचेन:**

  वित्तीय लेनदेन, डेटा सुरक्षा और आपूर्ति श्रृंखला प्रबंधन में महत्वपूर्ण भूमिका।

  उदाहरण:

  - क्रिप्टोकरेंसी और स्मार्ट कॉन्ट्रैक्ट्स।

- **ग्रीन टेक्नोलॉजी (Green Technology):**
  पर्यावरण संरक्षण और नवीकरणीय ऊर्जा के क्षेत्र में नए अवसर।

  उदाहरण:

  - इलेक्ट्रिक वाहन, सोलर टेक्नोलॉजी।

1.2 उपभोक्ता व्यवहार में बदलाव (Changing Consumer Behavior):

- **डिजिटल प्रेफरेंस:**
  लोग अब ऑनलाइन शॉपिंग, डिजिटल भुगतान और ऑन-डिमांड सेवाओं को प्राथमिकता देते हैं।

- **स्थिरता (Sustainability):**
  उपभोक्ता अब उन ब्रांड्स को चुनते हैं, जो पर्यावरण के प्रति उत्तरदायी हों।

1.3 वैश्विक अवसर (Global Opportunities):

- **क्रॉस-बॉर्डर स्टार्टअप्स:**
  स्टार्टअप्स अब वैश्विक बाजारों में प्रवेश कर रहे हैं।

  उदाहरण:

  - भारत के स्टार्टअप्स का अमेरिका और यूरोप में विस्तार।

2. उभरते अवसर (Emerging Opportunities):

2.1 ग्रामीण बाजार (Rural Markets):

ग्रामीण भारत में तकनीक, शिक्षा और स्वास्थ्य सेवाओं में बड़े अवसर हैं।

उदाहरण:

- DeHaat जैसे एग्रीटेक स्टार्टअप्स ने किसानों को सशक्त बनाया।

2.2 हेल्थटेक (HealthTech):

- डिजिटल हेल्थकेयर और टेलीमेडिसिन का बढ़ता चलन।

  उदाहरण:

- *Practo* और *1mg* जैसी कंपनियाँ।

2.3 एजुकेशन टेक्नोलॉजी (EdTech):

- शिक्षा को डिजिटल और इंटरएक्टिव बनाने का क्षेत्र।

  उदाहरण:

- BYJU's, Unacademy

2.4 डीप टेक्नोलॉजी (Deep Tech):

- रोबोटिक्स, नैनोटेक्नोलॉजी, और स्पेस टेक्नोलॉजी जैसे क्षेत्रों में उभरती संभावनाएँ।

उदाहरण:

- Skyroot Aerospace

2.5 फिनटेक (FinTech):

- डिजिटल भुगतान, क्रेडिट स्कोरिंग, और मनी मैनेजमेंट टूल्स।

   उदाहरण:

- Paytm, PhonePe

3. उद्यमशीलता पर अंतिम विचार (Final Thoughts on Entrepreneurship):

3.1 सीख और प्रतिबद्धता (Lessons and Commitment):

- उद्यमिता केवल व्यवसाय करने का नाम नहीं, बल्कि समस्याओं को हल करने और समाज पर सकारात्मक प्रभाव डालने का तरीका है।

- असफलताओं से सीखते हुए, साहस के साथ आगे बढ़ें।

3.2 यात्रा का आनंद (Enjoy the Journey):

- हर कदम, हर चुनौती, और हर जीत आपको एक बेहतर उद्यमी बनाती है।

3.3 नैतिक नेतृत्व (Ethical Leadership):

- अपने कर्मचारियों, ग्राहकों, और समाज के प्रति नैतिकता और ईमानदारी बनाए रखें।

उदाहरण:

- Infosys और TATA Group ने नैतिक नेतृत्व की मिसाल कायम की।

4. भावी उद्यमियों के लिए संदेश (A Call to Action for Aspiring Entrepreneurs):

4.1 साहस करें (Dare to Dream):

- बड़े सपने देखें और उन्हें पूरा करने के लिए साहस दिखाएँ।

4.2 समस्याओं का समाधान खोजें (Solve Problems):

- हर समस्या एक अवसर है।

उदाहरण:

- OYO ने सस्ती और गुणवत्ता वाली होटल बुकिंग का समाधान पेश किया।

4.3 लचीला दृष्टिकोण अपनाएँ (Be Adaptable):

- बदलते समय और परिस्थितियों के साथ खुद को ढालें।

4.4 समाज के लिए कार्य करें (Work for Society):

- अपने व्यापार के माध्यम से समाज को सकारात्मक रूप से प्रभावित करें।

उदाहरण:

- Zomato Feeding India और Akshay Patra Foundation ने लाखों लोगों को भोजन उपलब्ध कराया।

4.5 हार न मानें (Never Give Up):

- असफलताओं से घबराएँ नहीं। हर असफलता एक नई सीख देती है।

उदाहरण:

- *SpaceX* ने कई असफल लॉन्च के बाद अंततः अंतरिक्ष में सफलता हासिल की।

निष्कर्ष (Conclusion):

स्टार्टअप की यात्रा एक निरंतर सीखने और नवाचार करने की प्रक्रिया है। आगे का रास्ता चुनौतियों से भरा हो सकता है, लेकिन यह अवसरों से भी परिपूर्ण है।

"भविष्य उन्हीं का है, जो इसे बनाने की हिम्मत रखते हैं।"
इस अध्याय का उद्देश्य न केवल उद्यमशीलता के महत्व को समझाना है, बल्कि आने वाले उद्यमियों को अपने सपनों को साकार करने के लिए प्रेरित करना है।

www.ingramcontent.com/pod-product-compliance
Lightning Source LLC
LaVergne TN
LVHW061610070526
838199LV00078B/7234
* 9 7 8 9 3 6 5 5 4 5 1 2 8 *